重案辑录

暗夜难眠

梵闻三千（Moriarty K）◎著

中国法制出版社
CHINA LEGAL PUBLISHING HOUSE

前言

PREFACE

从我第一次在知乎上进行内容创作到这篇前言的撰写，数一数已经将近五年了，这是一个不断积累的过程，更是一个自我成长的过程。从我创作第一篇文章开始，我内心就抱定了一种想法——我想找到那些和我“有着诸多类似想法”的读者，就算没有，能让更多的人由衷地觉得“好像确实如此”，也同样有意义。

我真正的想法，说起来非常简单——带领大家去认识那些深藏在平凡中的罪性起源。面对一个个血淋淋的刑事案件，普通群众最常见的反应往往会经历这样一个过程，即“好奇—了解—唾弃（对凶手的谩骂）”。比如，一个性侵类案件上了热搜，受害人是一个小女孩，那么评论区就会成为诅咒凶手的海洋。

我完全理解这类人的反应，我和很多人一样，从小就对这类事件异常感兴趣，但我更愿意去思考“这个凶手为什么要这么干”的问题，于是演化出了“人为什么会选择犯罪”这个犯罪学界的标杆问题。这个问题也困扰了我很长一段时间，这也是我学习犯罪心理学的重要原因。

据我观察，在“犯罪心理”和“犯罪行为”这两个概念中，人们往往过于关注后者，有时候如果有人煞费苦心地分析一番犯罪人的想法乃至经历，甚至会被路人扣上一顶名为“给犯罪人洗白”的帽子，孰不知那些“犯罪人背后的故事”对犯罪心理学的研究而言是重要的资源。对这些故事进行挖掘和研究的过程，一般被我们称为“(对犯罪人进行的)经历研究”。

美国联邦调查局(FBI)行为分析部前任主管、犯罪心理学实际应用领域大名鼎鼎的约翰·道格拉斯曾经在谈到关于犯罪心理学研究目的的时候是这样说的：“凶手每次开始自己的犯罪活动时，都会有着他独特的喜好和技巧……我们必须清楚他的犯罪逻辑，能够过一遍他的程序，思考他犯罪的方式、他打算采取的下一个步骤。总之，他在玩一种游戏，我们必须能够像他一样认真地玩这个游戏，并在他前往犯罪的道路上堵住他。”

“在他前往犯罪的道路上堵住他”，就是对犯罪心理学的实际应用——“犯罪的预防和干预”最为直白的描述。那么，为了达到这个目的，我们能做什么呢？犯罪心理学的研究到底应该怎么进行？

首先必须承认，犯罪心理学的研究相对来说是比较困难的。这种困难主要来自两个方面：第一，犯罪心理具有隐蔽性，容易被犯罪人所隐藏，所以对犯罪心理的研究一般都是以间接的方法进行，如查资料、做调查等。第二，犯罪心理学天生就不存在实验一说，具有“难以实验或不可实验”的特点，你不可能通过重复犯罪人的完整犯罪过程去获取结论，哪怕是模拟也常常会面临伦理之类的困难。

比如，在研究一起杀人碎尸案的时候，我们不可能完整地重复这个犯罪过程，那就只能以犯罪人的口述以及其他证据材料作为研究的依据，这使研究者和犯罪人构成了一个心理学上“主试和被试”的关系，但是以犯罪人为主体的被试和心理学研究的被试群体完全是天壤之别——犯罪人的不配合是常态，撒谎更是常态。

说白了，在犯罪心理学的研究中，被试对主试在很多时候是存在着明显抵触情绪的，如此一来要获取有效、可靠的研究材料更是难上加难。

在这样的情况下，对于“犯罪人背后的故事”进行研究就成了性价比相对高得多的做法——因为这样的研究是基于其生活环境、经历进行的，是可以有办法进行客观查证的。

“经历”研究的重要性在犯罪行为的发生机制研究中非常重要，以“S-R”法则（“刺激—反应”法则）为例：这一理论的核心在于“情景/场景是行为的原因”，也告诉了我们不良的刺激经历，如风气不良的成长环境、挫折情景等会给个体带来不良的信息输入，引起个体犯罪心理的剧变，进而外化为行为上的恶变。

由此可见，如果不对犯罪人的经历进行研究，那么就无法了解到其犯罪行为背后的环境刺激因素，非但不能理解其犯罪行为深层次的犯罪心理，也难以对其进行犯罪矫治。

除此以外，对犯罪人的经历研究，也可以为犯罪心理学这门建立在统计概率基础上的学科有所贡献。比如，关于同性恋童癖犯罪人四种动机产生原因的或然性归纳：

——童年时期曾被男性猥亵或鸡奸，成年后带着报复或寻求快感的心理，成为恋童癖者。

——社会压力大，所处环境复杂，对成年人尔虞我诈的人际关系感到厌恶恐惧，进而想寻求简单安全的交往，把兴趣转化到天真无邪的孩子身上。

——由于社会地位低下，家庭关系不和谐，反复遭受女性侮辱，这种人要么对成年女性愤恨至极，要么厌恶无比，从而把兴趣转到男性身上，但由于很难找到同伴，进而以男童代替。

——本就为同性恋，单纯因为无合适的性伴侣便以男童替代。

那么，这些结论是怎么得出的呢？当然是以那些同性恋童癖犯罪者的大量经历统计为基础得出的。

因此，从犯罪心理学研究的角度来看，以“犯罪人背后的故事”为主的经历研究是必不可少的一项内容，意义不仅局限在它可以帮助我们了解犯罪人的犯罪行为，也可以让我们了解“具有和他类似经历的人会想什么，容易干什么样的事”，进而为犯罪的预防、矫治提供帮助，真正做到“在他前往犯罪的道路上堵住他”。

基于这些，本书收录了大量真实的案例，基本的阐述模式为“案件本身的详细记录”+“犯罪人经历”+“犯罪人的心理剖析”。

在我进行内容创作的过程中，有一些人推荐我将案件尽可能地“故事化”“小说化”，这可以使得内容更具有可读性，更能够达到吸引眼球的目的，但这无疑背离了我的初衷。现在的文字创作领域，乃至影视创作领域，通过单纯简单的血腥暴力描述，谋求观众猎奇心满足感的做法已经太多了，而我的目的则在于探查凶手行为背后那些真正不为人知的角落，以相对理论化、逻辑化的模式去厘清凶手的行为模式。

每一个刑事案件都会给当事人的心理乃至社会带来伤害，面对这类案件，如果我们能够真正尝试着去了解更多，思考更多，就能站在根源性的角度提前发现一些类似于让罪恶的种子发芽的土壤，这对于犯罪的矫治、预防都是有莫大好处的。再者，通过阅读本书，你会对那些穷凶极恶的凶手有一个全面的认知，这也有利于你在生活中认清并远离那些戴着好人面具的潜在犯罪人，在面对危险的时候尽量保持镇定。

目录

CONTENTS

第一章　连环杀人者的犯罪记号

1　午夜的猎杀者——五芒星杀手 / *003*

2　让鲜血染红绿河——绿河凶案 / *014*

3　夜袭者——华城连环杀人案 / *024*

4　波士顿扼杀者，没那么简单 / *044*

5　每落一子，便杀一人——棋盘杀手亚历山大 · 皮丘什金案 / *056*

第二章　精神障碍杀人犯

6　罗斯托夫屠夫——安德烈 · 齐卡提洛案 / *071*

7　汉城嗜血恶魔——柳永哲案 / *082*

8　终极偏有组织型杀手——泰德 · 邦迪案 / *095*

9 约克郡三角连环杀人案揭秘——潜性代偿杀戮原理 / *118*

10 枪口冒烟的快感——华盛顿连环枪杀案 / *135*

第三章 童年阴影诱发暴力犯罪

11 另类崇拜与另类杀戮——爱德华 · 西奥多 · 盖恩案 / *149*

12 跨越大西洋的绞杀——奥地利首宗连环杀人案大起底 / *162*

Crime

第一章

连环杀人者的犯罪记号

1

午夜的猎杀者——五芒星杀手

罪恶就是黑暗，罪的结局也是黑暗。

在20世纪80年代的洛杉矶，有一个潜伏于黑夜，习惯以各种方法入室杀人、性侵甚至奸尸、肢解并抢夺财物的连环杀手。他喜欢在深夜偷偷潜入别人家中，把成年的男性杀害后，再把女性和小孩用暴力方式性侵、杀害、肢解。之后，他会留下他的标志——一个倒转的五芒星，在墙上、在镜子上，甚至在死者身上。

他叫理查德·雷瓦·拉米雷斯，被人们称为“五芒星杀手”或“暗夜漫步者”。逆五芒星，在基督教里是地狱的象征，亦代表撒旦，所以拉米雷斯也被称为“撒旦的门徒”。

一、罪案全貌概述[①]

1. 罪案记录一：1984年案

关于拉米雷斯到底杀了多少人，洛杉矶警局也没有搞清楚，拉米雷斯本人可能都忘记了，最后的有据判决数是13项谋杀罪名成立，其实绝对不止，笔者把有记录的14起案件整理出来（有一起案件，两人同时幸存了下来）。

A案：4月10日夜，入室杀人，9岁华裔梁美珊被先奸后杀。

B案：6月28日夜，入室杀人，79岁的珍妮·文科被乱刀刺死，奸尸，财物损失。

关键词：暴力入室，奸杀，图财，被害人年龄无针对性。

笔者分析结果：暂时不具备并案逻辑。

2. 罪案记录二：1985年案

C案：3月17日夜，入室杀人，两个被害人分别是安吉拉·巴里奥斯和她的室友达利，前者逃脱，后者被枪杀。

3月17日夜，安吉拉下班后，在车库中停好车。出车库后，

---

① 本部分内容为笔者从原资料翻译而来，人名等翻译或有不妥之处，欢迎指出。另外，笔者对比后发现国内网络资料中关于本案的很多信息并不可靠，请读者不要轻信轻传。

她看到一个身穿黑袍、头戴蓝色帽子的高瘦男人从暗处冲到了她的面前，并用枪顶在她的额头上。安吉拉趁其不备想要逃跑，凶手立即开枪，但这颗子弹居然打在了车钥匙上，歹徒随后又开了数枪，但安吉拉仍然跑入了车库。此时，凶手如果跑进去行凶，完全是瓮中捉鳖，但是他没有去，而是从容地将枪插回腰间，跟没事人一样走开了。

而安吉拉的室友达利却没有那么幸运了。安吉拉回家时发现达利被枪杀，倒在厨房中，房里的钱财被洗劫一空。凶手是先入室杀掉达利，洗劫完钱财后，再对车库里的安吉拉行凶。

同一夜，华裔女性余彩莲被凶手从车里拖出来连开数枪，在送医急救途中身亡，年仅30岁。

D案：3月27日夜，入室杀人，一对60多岁的老夫妇被枪杀，老妇人身中8枪（凶手在老妇人死后仍有开枪的行为），男主人被一枪打死，老妇人的尸体被肢解。

E案：5月14日夜，入室杀人，男主人比尔62岁，女主人莉莲56岁，男主人被一枪打死，女主人被性侵杀害，随后被肢解。

F案：5月29日夜，入室杀人，哥哥梅布尔被锤子砸死，妹妹内蒂朗被电击至休克后遭性侵，随后被捅死。

凶手用内蒂朗的口红画了一个逆五芒星在她的身上，以及两间卧室的墙上。

G案：7月2日夜，入室杀人，独居老人玛丽·路易斯被用刀捅死且被肢解。

H案：7月5日夜，入室杀人，16岁的惠特尼被用枪打死，她35岁的母亲马德雷被勒死，死前经历了暴力殴打和虐待，现场有用血迹画成的逆五芒星标记。

I案：7月7日夜，入室杀人，28岁的女子乔伊斯被暴力殴打、性侵后遭到枪杀，现场有用血迹画成的逆五芒星标记。

J案：7月20日夜，入室杀人，45岁的女主人莱拉和49岁的男主人马克森被冲入房间的凶手砍伤后枪杀，莱拉被肢解，现场有用血迹画成的逆五芒星标记。

K案：8月5日夜，入室意图杀人，27岁的女主人克里斯和35岁的男主人狄德雷，两人发现异常后逃跑，凶手连开几枪没有打中，这对夫妇得以逃脱。

L案：8月8日夜，入室杀人，男主人伊莱亚斯被一枪爆头，凶手把这对夫妇的孩子绑在一侧，接着女主人被殴打、性侵，但最终得以幸存。

M案：8月18日夜，入室杀人，66岁的男主人彼得被一枪爆头，62岁的女主人芭芭拉遭到殴打、性侵后，被凶手用棒球棒捶打头部致死。现场有用口红涂画成的逆五芒星标记。

N案：8月21日夜，入室杀人，39岁的男主人纳隆和8岁的孩子被双双爆头，女主人遭到性侵、殴打，最后被害。

关键词：延续并强化了1984年案中的作案手法。

笔者分析结果：

第一，案件具备串并条件，属于系列入室杀人案。

第二，凶手属于偏无组织型连环杀手。凶手作案有两个特点：一是无预谋。凶手挑选的被害人范围从儿童到老人不定而随机，杀人手法没有预谋性，很多时候甚至用现场工具杀人。二是犯罪现场随机且凌乱，凶手的现场处理能力和反侦查能力低。凶手在凌晨随机选择作案现场，没有事先计划，每次犯罪后都会留下大量证据，不清理现场，很多现场很凌乱，物证也很多。其现场物证遗留状况举例：A案，血足迹、精液；B案，指纹、精液、血足迹；C案，带有凶手指纹的枪（凶手偷来的）、血足迹；E案，指纹、精液、凶手本人的衬衫……

第三，凶手社会地位低，生活窘迫，受教育程度不高。凶手几乎每次入室杀人后，都会对被害人屋内进行"搜查"，寻找钱财和值钱的物品。一般来说，受教育程度高的偏有组织型连环杀手的入室手法是先利用花言巧语或者伪装职业骗取被害人的信任。但是本案凶手入室的方法清一色是通过翻窗或翻墙入室，被害人的房屋也多为独栋或者低层（容易进入）。

3. 罪案记录三：案件后续

凶手被捕经过：1985年8月某日傍晚，拉米雷斯正在洛杉矶的郊外，他试图把一个女人拉出车外，却被她的丈夫跑来反击阻止。接着，一部分看过警方所发连环杀手肖像的围观群众认出这就是那个“暗夜漫步者”，拉米雷斯被痛殴一顿后交到警方手上。

1989年9月20日，洛杉矶市法院做出裁判：拉米雷斯43项罪名成立，其中包括盗窃、性侵、鸡奸……以及13项谋杀罪。他被判处死刑。

面对重刑，拉米雷斯丝毫没有悔意，依然蔑视法律。他说：“死刑？好可怕呢！想吓死我吗？人终归一死。各位迪士尼乐园见！

“你们不了解我，你们也不想这么做，你们更没有这个能力。我超越了你们的认知，我的行为超越了神圣和邪恶的范畴。我不相信所谓的文明社会的伪善、道学的教条。我不想看到法庭上的说谎者、满怀仇恨的人、杀手、骗子和懦弱的偏执狂——这些地球上的蠕虫，每个人都有自己的标准。你们的想法让我恶心，伪善的人们。我们因为某种原因都可以被牺牲，没人知道是因为什么公开的或者是秘密的政策。世界上所有的政府都会以国家的或者是上帝的名义杀死你……我要报复！魔鬼隐藏在我们每个人心中。

“死，吓不倒我，我会下地狱，跟撒旦在一起。”

可惜的是，虽然这个恶魔的门徒如此视死如归，但由于死刑犯还有一道请求赦免的必经程序，拉米雷斯被幸运地转移到加州的“活死人监狱”——圣昆汀监狱，这是加州唯一对男性执行死刑的监狱，每年执行死刑的名额有限制，被判处死刑的犯人需要排队等待执行。这才叫作真正的等死，很多死刑犯还没有等到执行死刑就死了。罪恶最终归于黑暗，2013年6月7日，拉米雷斯因为肝功能衰竭而死亡。

二、犯罪心理简要分析

1. 犯罪人类型

典型的偏无组织型反社会人格障碍连环杀手。

2. 系列案件定性

以性侵（或奸尸）、分尸作为内在发泄的基本手段，图财为附加行为，以纯粹的寻求杀戮欲望的满足作为根本动机的系列杀人案。图财更多的是为了吸食毒品。

"我喜欢黑夜里杀人的感觉，那很刺激，也很有挑战性，我喜欢这样做！"理查德·雷瓦·拉米雷斯说。

这就是属于连环杀手的独特标记：杀戮欲望。

3. 简单分析

（1）真正的犯罪动机实质上来自愤怒，而愤怒来源于两个部分

a. 反社会人格障碍（ASPD）。

从对法律规则的蔑视以及童年的品行障碍两个方面判断。

认识拉米雷斯的卡洛说："他小时候经常打人，偷别人家的东西。"

卡瑟琳说："他是个不听话的学生，常常逃学。"

事实上，拉米雷斯从小就是一个很善于伪装的孩子，很多对他不是很了解的人认为他是一个乖孩子，但是对他很熟悉的老师、邻居都知道他经常违反规则，打架、斗殴、撒谎、小偷小摸，甚至9岁那年有过一次纵火行为。

而这样的品行障碍没有得到很好的矫正，到成年后拉米雷斯已经形成了比较严重的反社会人格障碍，表现在他成年后由于吸毒和偷窃等行为入狱过很多次。严重的反社会人格加上一点畸形的欲望，会出现怎样的心理反应呢？

b.对于女性的极度仇视和蔑视。

笔者为此案整理过犯罪档案，从中可以看出拉米雷斯对于被害人的年龄并不在意，而对于性别不同的被害人，其行凶手段是不一样的。有这样一种基本的规律：

男主人通常被一枪打死，女主人通常遭到了虐待、殴打、性侵后才被杀死，而且有的案件即使拉米雷斯带了枪，他也宁可用刀把女性一刀刀捅死，甚至最后还要将其肢解。

这不符合犯罪学的简行逻辑，要知道肢解可不是一件轻松的事情，而拉米雷斯冒着暴露更多证据的风险干这样费时费力的事情，原因恐怕只有一个：这其实和在现场留下逆五芒星一样，是他非做不可的一种标记行为。

所谓犯罪标记，是指犯罪人为了满足自己心理上或情感上的需要而实施的特殊行为，是一种犯罪人进行的多余行为，是帮自己做的，具有一定的连续性。

这种针对女性被害人的标记行为，代表的是凶手对女性的极度厌恶。虐待、性侵和奸尸也不是因为他是性欲倒错人格体，而是因为这些行为是他发泄对女性的控制欲、报复欲的途径。

（2）信仰型犯罪心理

所谓信仰犯罪，即对政治、宗教的错误认识或反社会信仰引起的犯罪。信仰，是指对某种主义、思想、宗教或迷信的极度信服和尊重，并以此作为信念来支配行动。对于拉米雷斯来说，撒旦和恶魔就是他内在的畸形信仰。

据案发后他本人的供述，在完成谋杀之后，他会在被害人的房间里播放他最喜爱的"AC/DC"乐队的唱片，并且一边吃东西一边不紧不慢地在周围涂绘逆五芒星的标志。从拉米雷斯的魔爪下侥幸生还的被害人克里斯说，拉米雷斯逼迫她发誓热爱撒旦，克里斯是少数未被拉米雷斯残酷虐杀的被害人。

即便在法庭上接受审判时，拉米雷斯仍高呼："撒旦万岁！"这种信仰型犯罪心理的真正根源，在于满足自己的欲望，贪欲、占有欲、杀欲。

（3）黑暗而血腥的童年经历和大脑损伤

除了各种违反规则的行为，一些可以对孩子的心理造成巨大伤害的事情也发生在了拉米雷斯的身上。拉米雷斯有一个所谓的“偶像”，就是他的堂哥迈克，一个参加过战争的退役兵，他教会了拉米雷斯吸毒，并且每天给他讲述各种战争时的血腥场景和经历。一次家庭聚会后，迈克当着拉米雷斯的面将自己的妻子一枪打死，鲜血溅得拉米雷斯一脸都是，这是一个童年经历的缩影，而这些血腥的经历正是他变成连环杀手的“必要添加剂”。

另外，其实很多连环杀手有一个共同点：头部受过伤，而一旦大脑的额叶区域受到伤害，个体会在一定程度上失去感受恐惧的能力（大脑额叶皮层区的杏仁核对人的恐惧情绪有重要作用）。比如，连环杀手菲尔加里多小时候从哥哥的摩托车上摔下来，后来进行了脑部手术。虽然苏醒过来，却产生了性暴力幻想，最终成为一名性暴力连环杀手。

其实在所有连环杀手中，大约1/3的个体经历过各种大脑损伤。对于拉米雷斯来说，他在11岁时被一个掉落的铁桶砸晕过去，经过很长时间的住院治疗才醒过来，这是否给他的大脑带来了实质性损伤，笔者持认可观点。

（4）对女性的愤怒来自何处

对母亲的“恨”是其根源。拉米雷斯的父母是墨西哥移民，他是家里最小的孩子。拉米雷斯的父亲非常宠爱他，是一个很慈祥的工人，但是他的母亲是一个非常暴虐的人，对六个孩子都非常粗鲁。他的母亲对于吸毒的拉米雷斯，更是多次用暴力来加以教育，而且在拉米雷斯16岁那年独自离去。这些都是拉米雷斯对女性产生厌恶情绪的根源。

对于连环杀手来说，就算是一点点厌恶情绪，也会在内在畸形的犯罪心理结构支持下变得无比可怕，更别说虐待、抛弃等行为了。

三、犯罪心理成分总结

严重的反社会人格障碍的长期发展和对于女性的厌恶感在信仰型犯罪心理结构支持下形成极度愤怒，并通过杀戮得以释放，最终形成了拉米雷斯这个典型的偏无组织型反社会人格障碍的连环杀手。

2 让鲜血染红绿河——绿河凶案

一、罪案全貌概述

绿河，美国一条从怀俄明州流入犹他州的河流，全长336千米，一年四季蜿蜒流淌着。让人倍感遗憾的是，这条河流的出名并不是因为它沿岸美丽的树林美景，而是因为它竟不幸地成了近50个无辜女子的枉死之地。

或许没有人注意到，绿河附近是一排排灯红酒绿的酒吧和一些低级的俱乐部。每当夜幕降临，在这些酒吧和俱乐部门口，一众打扮得花枝招展的失足妇女就会开始沿街拉客。谁知道，本是为了生存而放弃名誉贞洁的她们，却一个个走向了恶魔的屠杀场。

1982年8月的一个早晨，爱好钓鱼的老大爷罗伯特·埃斯沃划着自己的橡皮艇，沿着绿河向西雅图郊外而去。快到郊外时，老大爷突然发现清澈的河底似乎有一双眼睛死死地盯着自己。起初，老大爷以为自己眼花了，他揉了揉眼睛仔细看了几遍，终于确信这就是一双眼睛，他认为这应该是一个被服装店丢弃在河里的女性模具，于是拿起一根竹竿戳了过去，这个动作导致他的小艇发生了侧翻，倒霉的大爷掉进了水里。掉到水里的大爷扑腾到了“模具”旁边，当他接触到“模具”的时候被吓呆了，因为这就是一副人体尸骸。在不远处，还有一具赤裸的女性尸骸。

大爷报警后，警方对附近进行搜索，一共打捞上来三具女性尸体。这三具尸体的共同特点是，都死于三周以前，脚上都被绑上了大石头，沉尸绿河，因为方向和水流的关系，看上去是“站立”在河底的。而就在一周前，警方也在绿河边发现了一具赤裸的女尸。无一例外，她们都是被活活勒死的。

西雅图警方夜以继日地想方设法破案，但是凶手丝毫没有收敛的意思，被害人接二连三地出现。到这里，警方发现被害人的共同特点是：身份多为失足妇女，少数为离家出走的少女，整体年龄在14—25岁。

无论是当时还是现在，有很多人质疑警方办案的效率，但是被害人的身份正是让凶手一再得手的原因。一方面，失足妇女们根本不相信警察的忠告，她们的“交易方式”就是乖乖上车后听从“买家”的指挥。另一方面，失足妇女们没有多少积蓄，大多数居无定所，经常在不通知任何人的情况下更换住所，所以就算遇害，也没有人过问。

警方了解了这一点后，甚至派出女特工乔装成失足妇女引诱可疑嫖客上钩，可还是一无所获。但被害人数目不断攀升，到1986年夏天，第34名被害人，19岁的温斯顿的尸体在绿河边的索莱瓦森林被发现时，事情出现了转机——这起案件出现了一个目击证人。这个目击证人是死者温斯顿的男友，他说自己最后一次看到温斯顿时，两人还在互相生气，他看到她上了一辆红色的小型货车。

经过调查，这辆红色货车属于自染色车，车主是一个叫加里 · 里奇韦的油漆工人。根据这条重要线索，警方重新审查了过去的案件，发现在另外几个被害人失踪现场也出现了类似的自染色货车。由此，警方推断在这些女性失踪和被害之前，很可能见过同一个人——加里 · 里奇韦。

警方立即传讯了里奇韦，但是在审讯中，里奇韦坚决否认自己认识温斯顿以及其他几个被害人，对于自己的自染色货车为何出现在被害人失踪前的现场，里奇韦表示他自己也不知道。面对里奇韦这样的回答，西雅图警方自然不会轻易相信。他们使用各种审讯手段，甚至两次动用测谎仪对里奇韦进行测试，但是测谎仪显示，里奇韦很正常，没有说谎。

审讯期间，警方搜查了里奇韦的住宅并采集了他的DNA样本，事实上，这也是本案警方做得最正确的一件事。可惜的是，在那个时候的西雅图，DNA技术的发展运用还不成熟，没有结合一些证据立即做有效比对。最后，在没有确切证据的情况下，1986年8月，里奇韦被无罪释放。

杀戮还在继续。西雅图警方遭到了公众的嘲笑。凶手也越发嚣张，他把抨击警方效率低、警方被绿河杀手悬案困扰的报纸(《西雅图时报》)刻意留在犯罪现场，用这样的方式挑衅警方。

而在1986年后的很多年里，西雅图警方一直在做一些毫无成效的调查。1990年3月，专案组被解散。随着专案组的解散，这宗连环杀人案似乎成了一起历史级谜案，而西雅图上空仍然笼罩着死亡的阴云——绿河里、绿河周边的森林里，仍然经常发现女性尸体。

但是光明迟早会来的，特别是对于那些有准备的人。2001年，当年负责绿河杀手专案组的组长德克·罗伯森被任命为西雅图地区警察局局长，过去的一切对于这位警长来说仍然记忆犹新，他一上任就宣布重建绿河杀手专案组，要求彻底调查此案。这个时候，DNA技术已经在刑事侦查里得到了广泛应用。

专案组把五份在被害人尸体上收集到的精液，连同当年嫌疑人里奇韦的头发样本提交到华盛顿国家刑事实验室。2001年9月，实验室给出鉴定结果："DNA图谱完全吻合。"没错，凶手就是当年出现在警察局的加里·里奇韦。警方立刻抓捕了逍遥法外近20年的里奇韦，但面对警方的审问，他一言不发，拒不认罪。

最后，检察官为了推进案件的处理，给了里奇韦一个坦白的机会。他们承诺，只要里奇韦认罪并积极配合，可以免除死刑。里奇韦抓住这个机会，坦白了自己的所有罪行。

里奇韦坦白了49起罪案。其实在笔者看来，被害人是不止49人的，因为就连里奇韦也不记得自己杀了多少人，他只是一口气把49起罪案全部倒了出来。警方顺藤摸瓜对这些案件进行了汇总，但是更多的乃至于尸骸没有被发现的，已经无法考证。

2003年11月5日，这起备受瞩目的连环杀人案在华盛顿州西雅图高等法院开庭，时年54岁的里奇韦在法庭上供认，他坦承："在过去的一段日子里，我想尽可能地杀死我认为是妓女的女人，因为我恨她们，并且很幸运我一直在这么做。"法院宣判，判处里奇韦终身监禁且不得保释。最终确认的死亡人数为49人。

二、犯罪心理简要分析

1. 系列案件定性

以杀戮（勒死）作为内在发泄的基本手段，以"征服—报复"型犯罪心理作为根本动机的连环杀人案。

2. 犯罪心理成分分析

简单地说，加里 · 里奇韦犯罪心理成分=反社会人格障碍+

性欲倒错障碍+对女性的极端愤怒+连环杀手内在畸形欲望。

（1）对女性的极端愤怒

如图1–1所示，这是一个性侵行为的动机分类图，性虐待狂型、愤怒报复型、权力自信型、证明能力型和利益型对被害人人身造成的危险递减，犯罪人自保意识递增（存在或然性）。

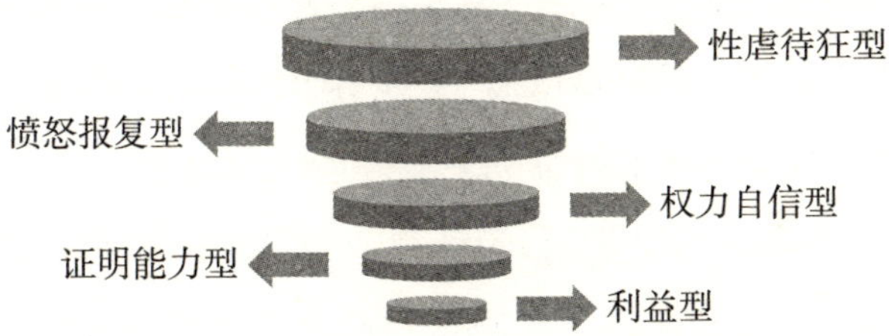

图1–1 五种性侵行为的动机分类

当然，在绿河案中多数被害人是失足妇女，性侵案占比少，但是笔者拿出这张图的原因在于分析里奇韦内在的最大动机：平衡内在的控制欲，深层次证明自我。那么，他怎么去平衡和征服呢？

里奇韦出生在一个贫穷的家庭，他是家里的老二，全家靠父亲作为卡车司机的工资艰难度日。他的母亲是一个非常强悍的女人，父亲在家基本上是“唯老婆马首是瞻”。据里奇韦交代，在他小时候的记忆里，他的母亲经常用盘子砸他父亲，这简直是他的一个心理阴影。家庭暴力，可以说是催生连环杀人狂的必备元素之一。

和五芒星杀手一样，母亲是他们第一个厌恶的女人。里奇韦和第一任妻子结婚后就去服兵役了，在这期间，他被戴了绿帽子。他的妻子和另一个男人住在了一起，在里奇韦看来，自己的妻子很下贱，他称呼她为“那个妓女”。第一任妻子是他厌恶的第二个女人。

接下来，他和贝蒂开始了第二段婚姻，但贝蒂主动要求和他离婚，因为“他经常要求非正常体位性交而且伴有暴力行为”。而里奇韦表示第二任妻子也很“下贱”，称她“肯定背叛了婚姻”。第二任妻子成了他厌恶的第三个女人。

两个妻子的“背叛”行为让里奇韦认为女性是下贱的，是不可信的。在他看来，失足妇女就是代表这两个特征再好不过的对象，在里奇韦所杀害的失足妇女中，他和每个女人都发生了性关系，而且都将她们用勒杀的方式杀害了。

勒杀，这是一种何等麻烦的杀人手段，偏偏他要用绳子将人活活勒死。这是凶手“不辞辛劳”的犯罪惯技，不但费力，而且相比枪杀等方法更容易留下证据，而这也意味着他不可能让死者直接快速地死去。他体会的是在将人慢慢勒死的过程中，从被害人脸上表现出的痛苦和绝望带给他的快感，体现的是他对于女性的憎恶和痛恨。

里奇韦深受母亲的影响，是一个具有高度控制欲的人，他试图支配周围一切事物，同时也会千方百计地避免周围情况的“失控”。他的逻辑很简单，死人是最听话的。所以，只有杀死她们，自己才能完完全全地拥有和控制她们。这就是一种以内在征服感为作案动机以及对于女性的极端报复情绪的来源。

（2）反社会人格障碍

反社会行为模式通常始于童年，而且会随着时间推移而定型和加重。早在小时候，里奇韦就表现出品行障碍的特点，他逃课、留级、不遵守规定，并有纵火、杀猫等劣迹，还曾付钱给一个小姑娘并以此为由调戏她。青少年时期的里奇韦更是麻烦连连，16岁时的他刺伤过一个6岁的小男孩，他用小刀捅进了男孩的肝脏，所幸被害人并没有死。根据被害人和里奇韦在事后的回忆，刺伤男孩后，里奇韦大笑着走开了。他说："我真想知道杀人是啥滋味呢！"这不仅是反社会人格的体现，也说明连环杀手的内在幻想在那个时候已经开始了。

另外，从犯罪过程来看，里奇韦对于警方的蔑视（挑衅）也是其反社会人格障碍的一个佐证。笔者还想说的是一个细节：在最后双方僵持的阶段，检察官做出让步，在里奇韦看来这是规则对他的臣服，所以他才会如此爽快地吐露一切，源于他反社会的内在得到了变相满足。

（3）性欲倒错障碍

里奇韦的性变态主要体现在性施虐障碍和奸尸行为。在绿河沿岸发现的尸体上，很多都伴有施虐伤痕，结合里奇韦第二任妻子所言，可以看出里奇韦的性欲满足是需要一定施虐行为的。里奇韦的恋尸癖也相当严重，他多次回到犯罪现场奸尸，哪怕是一些已经开始腐败的尸体。这一点，当时已经在狱中的臭名昭著的连环杀手泰德·邦迪也推测过。邦迪提出了他对凶手的心理、动机和行为的看法。他暗示，凶手是为了和被害人发生性关系而再次来到抛尸地。这被证明是真的，“如果警察发现了一个新坟，他们应该监视它，等他回来”。

虽然性欲倒错不是里奇韦实施连环杀人案的主要因素，但是它在其犯罪心理成分里起到了很重要的“辅助”作用。

（4）偏有组织型连环杀手

里奇韦的作案，具有一定的反侦查意识，而且均有计划地实施，属于偏有组织型的连环杀手。里奇韦细心地在弃尸现场故意留下了属于别人的口香糖、烟头和手写笔迹。他把几位被害人的遗物跨过州界线运到了俄勒冈州。他还在被害人的尸体周围故意丢下了许多广告单，企图能够误导警察。对被害人的选择，一方面是为了满足他对于特定人群的愤怒发泄欲望，另一方面是因为失足妇女这个群体其实很便于他作案和脱身。另外，他自身还具有很强的隐藏性，是生活中的“老实人”，正如他的同事回忆说，里奇韦是一个合群、和善的同事，下班之后也经常来往。他指导过的一些女性员工说，他是一个耐心的指导者，从不朝她们大吼大叫。

有人疑惑里奇韦为何可以通过测谎仪，这里统一解释一下，其实当时美国的测谎仪对被测试者的生理反应的检测结果并不算精确，而且作为一名反社会人格障碍者，说谎这个过程对他们的生理反应所产生的影响较一般人要小得多。测不出来，一方面是由于技术不成熟，另一方面是由于里奇韦对犯罪的漠然态度导致他的内在自我相对平静。

三、小结

对于一个男性来说，母亲和妻子这两个女人在生活中扮演着不可替代的角色且具有超强的心理诱导作用，任何一个出现问题，愤怒情绪的累积都是很可怕的，如果这个人恰好是反社会人格障碍体，那就很有可能成为恶魔的化身，而里奇韦正是如此，拉米雷斯也是如此。

3 夜袭者——华城连环杀人案

下着雨的夜

红衣女子

电台缓缓播放着哀伤情歌

这样安静的夜

一双柔滑细腻的手

导演出一场场变态的奸杀惨象

雨停了

尸体暴露在阳光下

凶手混迹于人群之中

消逝

没有人知道他是谁

直到——

下一个雨夜

歌声又响起……

玄而又玄

迷雾重重……

上面这段话，出自电影《杀人回忆》的豆瓣经典影评："你知道我那年雨夜干了什么？"

《杀人回忆》着实算得上是一部很引人深思的电影，它不仅对凶手阴暗的罪恶进行了再现，还借此对韩国很多不合理的社会现象进行了剖析。电影中相关的描写和现实有多大差别呢？下面给你答案。

一、罪案全貌概述

开题笔者要指明，本案存在三名犯罪人——a、b、c，理由会逐一展开。

1.基本案情

（1）A案（a凶手）

1986年9月15日，71岁的老妇人张恩秀探望完女儿，已经接近晚上10点了，她本想在女儿家多留一晚，但由于家中还有事得处理，就决定连夜赶回家。她当然不会知道，恶魔已经潜伏于黑暗中，等待很久了。

老妇人当夜被杀害，陈尸于一块较为空旷的田地上。现场基本情况包括：系勒杀致死，作案工具是类似绳状物，较为纤细，为凶手所带，没有遗留在现场；死者下半身赤裸，但没有被性侵的迹象；死者手脚呈现“X字捆绑”，整个躯体呈现趴在地上的姿态；死者的内裤被带离现场。

（2）B案（a凶手）

1986年10月20日夜，25岁的女子崔敏英和男友约会结束后，由于离家比较远，打算乘坐公交车回家。离开了约会地点后，本来只需要在大路上直走就是公交站，但是不知出于什么原因，她走了一条小路，而这个地方两边都是芦苇丛。

崔敏英的尸体在一片芦苇地中被找到。现场基本情况包括：系勒杀致死，作案工具是死者的贴身衣物，牢牢系在死者颈部；死者全身赤裸，但没有被性侵的迹象；死者胸部有4处横切式刀伤，为死亡前所留；死者手脚呈现“X字捆绑”；死者的丝袜疑似被凶手带离现场。

（3）C案（a凶手）

1986年12月12日夜，24岁的女子金恩娜在同男友吃完饭后的回家途中，被杀害于离家只有百米之遥的田地中。现场基本情况包括：系勒杀致死，作案工具是死者的贴身衣物，牢牢系在死者颈部；死者全身赤裸，但没有被性侵的迹象；死者胸部惨不忍睹，部分被凶手切割带离现场；死者手脚呈现“X字捆绑”；死者头部被套上内裤。

（4）D案（a凶手）

1986年12月14日夜，距离上一起案件仅仅两天，再次发生了一起类似案件。21岁的女子韩彩轩在晚上与朋友们聚完餐的回家途中被人杀害，尸体在稻田田埂上被发现。现场基本情况包括：系勒杀致死，作案工具是死者的贴身衣物，牢牢系在死者颈部；死者全身赤裸，但没有被性侵的迹象；死者胸部有缺失，部分被切割带离现场；死者手脚呈现“X字捆绑”；死者头部被套上内裤；现场有很多芝麻。

（5）E案（b凶手）

1987年1月10日，18岁的中学生宋善美在放学回家的途中被人杀害，第二天尸体在田地中被人发现。现场基本情况包括：系勒杀致死，作案工具是死者的贴身物品，在现场被发现；死者下身赤裸，有被性侵的迹象，留下了部分精液物证；凶手杀人后重新把衣服盖到了死者身上，裤子盖到了死者脸上；死者只有手被绑住；死者的嘴被塞住。

（6）F案（a凶手）

1987年5月2日，这是一个雨夜，29岁的家庭主妇朴嘉熙拿着伞去接刚下班的丈夫，在途中遭人杀害。现场基本情况包括：系勒杀致死，作案工具是死者的贴身衣物，在现场被发现；死者全身赤裸，没有被性侵的迹象；死者胸部有缺失，部分被切割带离现场；死者手脚呈现“X字捆绑”；除了胸部，全身还有多处刀伤。

（7）G案（a凶手）

1988年9月7日，54岁的李姬珍在帮儿子打理完餐馆的事情后先儿子一步回家，在回家途中被杀害。李姬珍的儿子经营一家餐厅，李姬珍每天都到店里帮儿子干一些事情，到晚上10点左右回家。现场基本情况包括：系勒杀致死，作案工具是死者的贴身衣物，在现场被发现；死者全身赤裸，没有被性侵的迹象；死者全身有多处刀伤；死者手脚呈现“X字捆绑”；死者生殖器被刀严重破坏，被放入数片桃子的碎块，现场有削下来的桃子皮。

（8）H案（c凶手）

1988年9月16日夜，少女朴莉秀参加完一个社区活动后，在回家的途中被人用刀威胁并将其从路边拖到一片空地上。凶手先是将其手脚分别捆绑，堵住其口部，再套住其头部，实施性侵。得逞后，凶手洗劫其包内财物，被害人立刻冲向路边，凶手没有追击，成为唯一幸存者。

事后，幸存者带警方到达犯罪现场进行勘查，在现场发现了幸存者手巾上有精斑，还在现场找到了犯罪人的阴毛。

（9）I案（a凶手）

1990年11月15日，女中学生李美淑在放学回家途中失踪，次日，尸体在离家不远的树林旁被发现。现场基本情况包括：系勒杀致死，作案工具是死者的贴身衣物，在现场被发现；死者全身赤裸，没有被性侵的迹象；死者胸部有缺失，部分被切割带离现场；死者手脚呈现“X字捆绑”；死者生殖器被严重破坏，并被放入汤勺和铅笔；死者全身有多处刀伤。

（10）J案（a凶手）

1991年4月3日，69岁的老妇人赵允熙在晚上逛完夜市后的回家途中被人杀害。赵允熙和儿子儿媳住在一起，家庭条件很差。次日，老人尸体在距离住宅500米左右的松林边被发现。现场基本情况包括：系勒杀致死，作案工具是死者的贴身衣物，在现场被发现；死者全身赤裸，没有被性侵的迹象；死者手脚呈现“X字捆绑”；死者生殖器被严重破坏，并被放入两双长筒丝袜；死者全身有多处刀伤。

2. 案件后续

很诡异的是，J案过后，再也没有发生过类似案件了。以笔者对于连环杀手的研究，这个心理状态下的连环杀手收手的概率非常小。警方对这个案子的投入是很大的，是有史以来韩国警方动员人数最多的案件。警方先后投入了367名警察，嫌疑犯和证人达到2万人以上，4万人接受了指纹鉴定，另有600人分别接受了DNA鉴定和毛发鉴定，就连调查记录都装满了5个大塑料袋。

那么，他们当时是怎么调查的呢？一开始，警方把它当成一般性犯罪案件来调查，一直到C案，华城地方警察署都扭扭捏捏不愿意接受并案。D案发生后，上级下达死命令，派出整整

8个专案组，才进入了并案侦查阶段。

前四起案件的关键性证据缺失或毁坏严重，按照正常逻辑来说，前四起案件才是凶手最容易出错的，但是警方错过了太多时机。加上第五起和后来的幸存者案，让专案组内部非常混乱，他们几乎不知道是什么情况，挨家挨户不分昼夜地去采集指纹，去走访。一位姓李的专案员想起当初的调查方法时说了下面这番话："我们失去了调查的目标，大家漫无目的地讯问，就连走过现场附近看着很猥琐的男子也要被讯问。"

还有很多被严刑逼供甚至致死的无辜者。在1999年，警方根据幸存者指认和DNA证据，锁定了H案的嫌疑人（c凶手）吴氏男子，他被宣判无期徒刑。此人于2005年由于癌症去世，而他的更多信息韩国警方没有公布，唯一的消息是他在H案后离开华城，去了汉城，所以没有后续案件的作案时间。而a凶手、b凶手，至今仍然处于迷雾之中。

2006年，上述所有的案件都过了杀人公诉时效[①]，唯一值得欣慰的是，韩国警方和检察机关决定，与上诉时效结束一年后销毁所有记录的其他案件不同，将永久保留华城连环杀人案的卷宗记录。这是考虑到案件的重大性和国民的关注程度，为了上诉时效结束后也能查明真相而做出的决定。

其实，法律可以有公诉时效，但破案永远不会有时效。

---

① 韩国的杀人犯罪案件的公诉时效现已被废除。——编者注

二、犯罪心理简要分析

1. 对十起案件的基本分析

笔者从来没有见过这么紧密的犯罪心理内在逻辑转化。

（1）A案（a凶手）

首次作案就出现纪念物（被害人内裤），这是一个十分危险的信号，它标志着凶手首次作案前就已经产生了较为成熟的幻想，也预示着凶手大概率会再次作案，且暴力程度会越来越高。X字捆绑的行为标志着一种完全的控制和束缚，满足凶手内在极度的控制欲。出现这个行为说明凶手力量较大，掌控能力强。行为证据的性意味明显，凶手或为性欲倒错人格障碍体。

（2）B案（a凶手）

纪念物再次出现，为勒死被害人所用的贴身衣物，从某种意义上说，这是一种升级。如果说上一案件中的内裤是单纯代表凶手作案后对于性欲的再次回忆，那么这次带走的物品，还有另一层意义，即代表对杀戮和暴力的回忆。凶手对杀戮行为进行回忆，开始对杀人上瘾。有理由认为，纪念品还会改变，而且会朝着更加暴虐的方向发展。

（3）C案（a凶手）

纪念物升级，凶手切割被害人胸部作为纪念品带离现场的行为可以作为证据判断凶手为性施虐模式连环杀手，类似白银连环杀人案中的凶手。凶手不是不想性侵，而是没有那个生理能力，从这三起案件来看，都有时间、有空间、有外部条件实施性侵行为，但凶手没有这么做。死者头部被套上内裤，体现的是凶手对被害人的侮辱，表现出凶手内在的愤怒。凶手对于自己的控制能力更自信了，他开始随心所欲地发泄内在愤怒感，惯技暂时没有形成，换句话说，他还在“摸索”那种快感最大化的杀人经历。

（4）D案（a凶手）

此案距离上一起类似案件的时间居然如此之短，从这点来看确实比较反常，甚至让人怀疑C案与D案能不能并案处理。事实上，有一个铁证足以打消这个疑虑，那就是本案被害人没有穿特定的衣物，用来勒死被害人并系在其颈部的衣物，是B案中被害人丢失的。此外，这个地区是不产芝麻的，而且芝麻在当时的韩国是一种比较昂贵的东西，凶手在现场做这样的布景，就“放芝麻”这个点来说，没有行为侧写的逻辑，但是它的出现或许是为了另一种心理需求的满足。

一般而言，切割胸部作为纪念品，这个程度足以使得凶手作案的冷却期变长，而事实是，凶手反而以更快的速度再次作案，因此只能用两个理由来解释：一是他缩短冷却期可以做一些更满足内在犯罪心理的事情；二是他事后发现自己对这次的纪念品不感兴趣，想马上做下一次。那么，第二种怀疑明显可以排除了，因为D案他带走了相同的纪念品，而且作案手法和很多细节处理都与前案极其相似，那么就只有第一种可能：在D案里，他一定做了一些可以让自己更加满足的事情，具体是什么，我们后面会说。

（5）E案（b凶手）

凶手用没有性象征含义的物品来杀人，比较反常。凶手只是将被害人的手绑住，而没有寻求前四起案件中的X字捆绑这种充分满足控制欲的捆绑方式，比较反常。凶手前四起案件均无性侵行为，但这次出现了，还留下了相关证据，比较反常。凶手将死者的嘴塞住，应该是为了避免其求救出声，是一种自我保护行为，但前四案中，凶手均没有这种行为，因为被害人的求救声和哀求声，是实施前四案的a凶手所需要听到的声音。凶手把衣服盖在被害人身上，裤子盖到被害人脸部，表面上和C案、D案中的“死者头部被套上内裤”一致，但事实不是，且有本质区别。本案凶手的做法是“盖”，这是一种忏悔，是凶手不愿意正视被害人眼睛的案后惭愧的心理逻辑，而前两案凶手是用内裤套在死去的被害人头上，这是没有任何同理心的侮辱和报复心理。

综上，E案凶手另有其人，为b凶手。

（6）F案（a凶手）

凶手利用具有性意味的被害人的贴身衣物杀人，这符合a凶手的风格，他需要“用具有性意味的被害人的物品将其勒死”这个行为。除带走切下的部分胸部外，凶手还在死者生前对其进行了虐待，用刀去伤害被害人，这说明他的暴力行为再次升级了，暴力程度相比A案、B案、C案和D案，又上了一个台阶。部分行为固化为惯技，包括用具有性意味的被害人的物品将被害人勒死的杀人手法和“X字捆绑”的标记行为等。

（7）G案（a凶手）

凶手没有带走纪念品的原因，或许是被害人的年龄较大，凶手无法通过切割胸部作为纪念品这个做法获得性快感。参考A案71岁的被害人，凶手也没有这个标记行为，这个年龄段的女性对凶手的主要诱惑力不在于性，而在于代偿性愤怒的发泄。没有了纪念品行为，凶手采用了另一个手法填充原来空白的犯罪逻辑，即由“破坏胸部”转向“破坏生殖器”，其实本质是一样的，对这两个部位的破坏都代表着极端的性犯罪行为。向被害人生殖器里放桃子的果肉，现场有削下来的桃子皮，这是凶手实现代偿式重现的做法。笔者能想到的是凶手小时候某个人坐在他旁边，先把皮削好，再一块一块把果肉切下来喂他吃的场景。在凶手看来，这或许是一种“回报”——他也做了童年时候某个人做的同样的事，只不过把果肉“喂”进了“某个人”的生殖器中。这个性犯罪心理逻辑，各位一听会比较惊异，然而它在极端的性欲倒错障碍中非常常见，这是凶手无数次幻想的独特仪式。在完成“仪式”后，在凶手眼里，自己回报完了一切应该回报某个人的东西，该轮到某个人“还债”了，于是开始杀害行为。

对生殖器的伤害有两次：第一次是在被害人活着的时候，为了方便把桃子放入生殖器，所以用刀切开；第二次是在完成“喂食”行为后，随即开始“报复”行为，即虐待模式。推测而言，这里的“某个人”代表的是凶手母亲的可能性最高。

（8）H案（c凶手）

犯罪人的主要目的是性和财；与a凶手、b凶手不同，c凶手手法生疏，内心慌张，留下大量证据，大概率是初犯和模仿犯。

（9）I案（a凶手）

前面提到，凶手没有带走纪念品的原因，或许与被害人的年龄有关。这起案件中，a凶手第一次选择20岁以下的女性作为被害人。只有针对中年和青春期的女子的纪念品行为，才能满足凶手的性需求。凶手通过“对母亲的代偿仪式”似乎获得了启发，他把“仪式”延续了下来，把代表送服食物的汤勺和代表学习的铅笔当作“礼物”，亲自“送”给了被害人，可以看出他已经非常享受这种本质上是性虐待杀戮的仪式行为，他把自己当作可以掌控一切的人，他视自己为可以给予被害人“恩赐”，以及和被害人做“交易”的上帝并乐在其中。

（10）J案（a凶手）

凶手这次作案再次选择了老妇人，正如前面所言，凶手无法通过对老妇人的标记行为获得性犯罪的快感，所以老妇人成为凶手的代偿群体，真正的代偿源头极有可能是其母亲，或者其他和凶手关系很紧密的、对其产生极大心理冲击或颠覆感的女性，这个女性不管在不在世，反正到20世纪90年代，她一定符合老妇人这个形象。

他把前面提到的仪式固化成了惯技，在他看来自己就像上帝一样，他“给予”了家庭很困难的老妇人具有性意味的贴身衣物，似乎在说“你太不会打扮自己了，我来帮帮你吧，这些可以让你变得性感”。而对其内在而言，这个被他蹂躏的老妇人就是他的代偿根源。

2. 犯罪地图学中的舒适区域告诉我们，有两个冒牌货

从上面的分析来看，本案有三个犯罪人似乎是顺理成章的，但是为了严谨，笔者特意研究了本案犯罪地图学区域的舒适区问题，从中可以看出很多东西。

以第一起案件（A案）地点和第十起案件（J案）地点与第二起案件（B案）地点和第三起案件（C案）地点连线交点为原点O，以第一起案件地点和第十起案件地点连线长度为半径R作圆。这个大圆，属于我们说的“广域舒适区域”。是什么意思呢？舒适区域的种类很多，“广域舒适区域”简单来说就是大范围框定犯罪人觉得舒服的作案空间。虽然区域大，难以用来准确抓捕犯罪人，但是用于研究离域性和案件的串并还是很准确的。

那么，有趣的事情出现了：E案和H案，都恰好不在这个广域舒适区域内。其余案件，都很集中地分布在广域舒适区域内。

E案离广域舒适区域很远，H案也离得很远。

以上，论证完毕，有两个冒牌货。

模仿作案的动机一般来说有三个：一是企图转移办案人员的视线，扰乱办案思路，目的在于逃脱法律制裁。二是心理性动机，来自模仿者对a凶手的盲目崇拜，目的是获得某种成就感，凶手更注意的是犯罪手法的模仿，对被害人的选择没有固定类型。三是在他人的犯罪中体验到了快感，为了获得更加刺激的行为体验，选择模仿犯罪。因为b凶手和c凶手对被害人的选择是年轻女子，且行为模式有较多不同，这是以满足自我感官欲望为主的表象模仿，所以动机应该是第一个。

3. 细节——原来奥秘都在“芝麻”里

关于D案中撒芝麻这个行为证据，笔者想了很久，想直接从它得到侧写结论貌似是一件不可能的事，它在韩国的文化里也没有什么特殊含义，那么它一定是用来满足凶手某种变态心理的辅助手段。但它和另一个行为的纽带是什么，另一个行为到底是什么，让人很难捉摸，直到笔者注意到一些细节：一是C案中被害人被杀害于离家只有百米之遥的田边，最后是被一个过路的农民发现的；二是D案中被害人的尸体是被她的父亲发现的，同样在离家不远的稻田田埂边。

这个转化或许就是凶手要的，芝麻从被害人家门口，断断续续撒到了被害人尸体的位置，这是在引导她的家人发现她的尸体，用芝麻这种“稀罕物品”更能引起其家人注意。C案被害人在离家不远的隐蔽的田地里被害，尸体被拖到田埂上，目的就是让其家人发现她，却没有实现，这或许让凶手很恼火，所以他仅隔一天就再次作案。

再看看接下来我们判定为a凶手所为的所有案件中，D案后凶手似乎消失了很久，面对b凶手的模仿作案他也不立刻做出回应，是什么原因？这是因为他在享受一些东西，享受比从死者肉体上得到的纪念品还要刺激的事情——失去亲人并看到亲人尸体后的那些家属的痛苦。这是他发现的一种更加刺激的“纪念品”。也就是说，从D案后凶手的惯技中，多了一项掩藏着的行为证据——要让被害人亲属第一个发现被害人的尸体。

以下是笔者对D案后报案人的专项整理：

- D案报案人：死者父亲；
- E案报案人：不相关人员，一位家庭妇女；
- F案报案人：死者丈夫；
- G案报案人：死者儿子；
- I案报案人：死者母亲；
- J案报案人：死者儿媳。

以上案件，凶手基本都得逞了，所以凶手作案不是没有选择性的，至少从C案开始，他研究过被害人的经过路线和时间规律。比如，F案的妇女，雨夜会去接丈夫；G案的被害老人，每天去儿子店里帮忙，但一般会先走一步；I案的被害女孩，每天回家都会路过树林。了解了这些后，凶手在适当的地方伏击被害人，一般是在隐蔽的地方杀人，再把尸体拖到田边或树林边，尽可能让被害人的亲属看到尸体。要获得这样的快感，凶手不会离这些被害人太远，他一直在看着被害人亲属痛苦的样子——那是他的“养料”。

4.犯罪心理简要分析

这里重点针对除E案和H案外的八起a凶手所实施的连环杀人案。

（1）系列案件定性

以性虐待和代偿式报复杀人作为基本手段，以发泄内在愤怒情绪和满足畸形控制欲与性欲倒错需求为根本动机的连环杀人案。

（2）犯罪心理成分分析

a凶手犯罪心理主要成分=极端的性欲倒错障碍+代偿式报复心理（愤怒）+连环杀手的畸形杀戮欲望+畸形求同。其他影响因素为性功能障碍。

（3）详细解释

a.极端的性欲倒错障碍。

a凶手性欲倒错障碍的类型非常简单纯粹，就是极度的性施虐障碍，即通过对异性对象的残酷折磨、虐待等手段，使被害人的肉体和精神遭受严重的痛苦，从给对方造成的痛苦中获得强烈的、变态的性快感，从而获得满足。常见的施虐方式有咬、撕、殴打、针刺、捆绑、割伤皮肤、毁容、身体部位切割，有的则是毁尸、将异物插入被害人阴部等。其手段十分残忍、冷酷且灭绝人性。

这种类型的性变态造成的社会危害性最大，影响也最恶劣。但遗憾的是，它是性变态犯罪中发生率较高的一种，施虐癖变态心理发展到极端时可被称为"色情杀人魔"，他们为了获得性快感的最大满足可以无所不用其极。本案中a凶手的行为就属于很严重的性施虐障碍，他的行为常常伴有捆绑、刀割等标志性动作。

b.代偿式报复心理（愤怒）和畸形求同。

前面提到了"老妇人是凶手的代偿群体，真正的代偿源头极有可能是其母亲，或者其他和凶手关系很紧密的、对其产生极大心理冲击或颠覆感的女性，这个女性不管在不在世，反正到20世纪90年代，她一定符合老妇人这个形象"。这种代偿构造或特异性选择的形象一般就是给凶手的价值观带来颠覆的人，是造成他畸变心理的最初刺激源。就本案而言，笔者更加倾向于他的代偿主体在他犯案期间已经不在人世。

其实本案的复杂性在于，通过上面全案的分析流程，你会发现犯罪人的作案对象居然有三类，而对于这三类对象，犯罪人都有动态的犯罪心理结构来呼应。第一类对象是老妇人，是主要的代偿式报复心理作用群体，由对该群体的性犯罪潜在仪式诱发出新的场景感，作用于其他群体。第二类对象是20多岁的年轻女子，是主要的性欲倒错障碍需求和畸形杀戮欲望作用群体。第三类对象是青春期的女孩，不是主要犯罪心理结构的作用对象，但可以满足凶手性欲倒错障碍需求和畸形杀戮欲望。

另外，这三个群体都可以满足犯罪人畸形求同心理，这是犯罪人定向选择下的共同点。那么，什么叫畸形求同心理？所谓畸形求同，国际犯罪学论坛将其标定为：犯罪人预想将自身过去经历的痛苦或由于精神幻想构造出的自己遭受的痛苦，以犯罪行为施加于符合求同条件的人群的心理活动。

对于a凶手而言，他预想施加于被害人的场景是被害人家属看到被害人尸体，让他们产生直接的痛苦，因为精神幻想的类型更多存在于精神分裂和躁郁双相体中，他们这个类型多半是有这样的心理活动但没有实施能力。而从本案a凶手的犯罪预谋和犯罪行为来看，笔者倾向于认为凶手经历过这种事情，在其他恶化的犯罪心理结构催化下产生了畸形求同心理。

c.其他。

从行为特征和心理轨迹来看，a凶手具有混合性性功能障碍，至少包括以下两种类型：一是性高潮障碍；二是勃起障碍。性功能障碍本身不算性变态，但是在一些情况下，它会诱发出性变态心理，尤其是以上这种混合性性功能障碍患者身心都备受煎熬，会极大影响个体的心理调控，增大异常心理出现的可能性。

（4）a凶手的特点

根据现有资料，我们可以得到的侧写结论有：凶手年龄在20岁到25岁，长相一般，体形中等，身高175厘米左右；凶手居住在京畿道华城市太安镇100线国道区与356道之间的区域，非独居；凶手的家庭经济条件中等偏下；凶手的家庭在1976年左右连续突遭变故，重点考虑五年内移居此地的住户；凶手的受教育程度中等偏上，情绪隐藏性极深，为人处世谦和温润，除了被害人，几乎不可能有人知道他有性功能障碍；凶手大概率从事个体经营业，非群体性工作；凶手在1991年至1993年发生了预想不到的意外，或已经死亡。

按照现在的条件，凶手的下场有两种可能：一是凶手已经在华城警方确认的由于刑讯逼供致死致残的未公布的7人名单里；二是凶手躲过调查后，在1991年至1993年由于其他意外丧失行动能力或离开人世。在这个世界上，自然存在可以自如收手的连环杀手，但是a凶手基本不可能做到这点。无论是以上哪一种结果，他都不会逍遥在世，这或许是一件值得庆幸的事情吧。

三、其他

虽然韩国警方在这个案子的侦破期间出了很多错误，但是他们的辛勤付出是值得肯定的。这个案件是未结案，它对韩国犯罪学和刑侦学的发展起到了很大的推动作用，如DNA鉴定法正是从这时开始引入韩国的，韩国警方的案件侦查相关规定也在此案后得到了很大的补充和修正。

我们知道，20世纪后半期，美国的连环杀手近乎蜂拥而出，而韩国在世纪更替之时，很多臭名昭著的连环杀手也纷纷出现。这除了犯罪人本身，与社会大环境也有很大关系。20世纪末的韩国，官僚体制迂腐、价值观模糊、司法体系混乱、刑讯逼供滥用、证据保护不当……这些都可能构成了恶魔生长的土壤。

正如这句话："若说凶手的变态行径是扭曲的人性，那么在此案中被害的人们也未尝不是韩国政治民主化进程中的牺牲品。"

4

波士顿扼杀者，没那么简单

波士顿连环杀人案，被诸多犯罪学家视为世界犯罪史上挥之不去的阴霾。而且这个阴霾大概是永远不会散去了，就像韩国华城连环杀人案一样。哪怕是在波士顿警方宣布最后一起相关案件的现场证据显示“官方钦定的凶手”就是德萨尔沃，相关调查人舍曼也坚持认为：“很多事情只是举手之劳便可以解决，但这帮家伙不理会公平的审判，也不理会真相。他们只关心他们将来如何受人回忆。他们不想承认在新英格兰历史上最大的一宗谋杀案以及在美国历史上最大的一宗谋杀案中，他们抓错了凶手。”

这起案件在我国关注度不算高，但是在美国的影响力极大，笔者花费了很大精力才找到了一定数量的、必要的分析材料。先来带大家看看这个案件的过程。

一、罪案全貌概述

1. 罪案记录一：1962年案

（1）血红色的6月

A案：6月14日，55岁妇女安娜，被性侵后遭到勒杀（凶手特意对犯罪现场进行了侮辱性布景）。

B案：6月28日，85岁妇女玛丽·穆伦，被性侵后受惊导致心脏病发作而死。

C案：6月30日清晨，68岁妇女妮娜·尼科尔斯，被性侵后遭到勒杀。

D案：6月30日夜，65岁妇女海伦·布莱克，被性侵后遭到勒杀。

关键词：独居老妇人，“性侵—勒死”手法，和平入室。

笔者分析结果：A案至D案只存在一个凶手，该凶手具有极高的伪装能力与智力水平。

（2）杀戮在波士顿延续

E案：8月19日，75岁妇女艾达·埃尔格，生前被性侵，被勒死在家中。

F案：8月21日，67岁妇女简·沙利文，生前被性侵，被勒死在家中。

G案：12月5日，20岁女子索菲·克拉克，生前被性侵，被勒死在家中。

H案：12月31日，23岁女子帕特里夏·雷斯，生前被性侵，被勒死在家中。

关键词：由老变少，“性侵—勒死”手法延续。

笔者分析结果：年轻女子案件可以作为单独案件调查，8月案与6月案可以合并，且存在两个扼杀者（原因后面会统一解释），本书称之为a凶手、b凶手。

2.罪案记录二：1963年案

I案：3月，69岁妇女玛丽·布朗，被强暴、暴打和勒颈，受到多处刀伤，致命伤是勒颈。

J案：5月8日夜，23岁女子贝弗利·扎曼，生前被性侵，死于刀伤。

K案：9月8日，58岁妇女伊夫林·卡宾，生前被性侵，被勒死在家中。

L案：11月25日，23岁女子琼·格拉夫，生前被性侵，被勒死在家中。

笔者分析结果：两个犯罪人轮流作案，后者（b凶手）一直对前者（a凶手）的犯罪手法进行效仿和学习。

3. 罪案记录三：1964年案

M案：1月4日，19岁女子玛丽·沙利文，生前被性侵，被勒死在家中。

笔者分析结果：M案是b凶手所为（模仿者独立作案）。

4. 罪案记录四：案件后续

在最后一个被害人玛丽·沙利文被害9个月后，一位年轻的女性来到警局报案。她声称家中闯入了一个自称是警探的陌生男人，将她绑在床上进行了性侵，道歉后仓促离去。警方顺着这条线索，找到了阿尔伯特·德萨尔沃。警方对德萨尔沃进行了严格的调查。

但是，被拘留后不久，德萨尔沃忽然向警方坦白，说自己就是警方追捕已久的“波士顿扼杀者”。德萨尔沃的供词非常详尽，他描述了每个案件的杀人手法，他所提到的谋杀细节，甚至只有警方和杀手才能得知。凭借一份供词和现场指认，最终，1967年，德萨尔沃被判终身监禁。

整个案件到了这里似乎就已经告一段落了。但在六年后，监狱里的德萨尔沃突然给他的心理医生打电话，声称他不是真正的波士顿扼杀者，他想说出关于波士顿扼杀者的一切。但就在他即将说出一切的前一天晚上，德萨尔沃在牢房里睡觉时察觉到一些异响，就在他想起身时，却被两个彪形大汉擒住，随后被捅数刀身亡。

在德萨尔沃想要说出真相的前一天晚上，在层层设防的监狱中，他被人悄无声息地杀死。而关于凶手，警方没有透露出任何信息。德萨尔沃的弟弟，甚至一些被害人家属都希望警方将德萨尔沃的尸体挖出来，重新对DNA进行检验对比，但是警方以案件已经审理结束为由，一再推诿。

在漫长的拉锯之后，2013年，波士顿警局终于做出声明：经过DNA检测，警方确认，在M案的谋杀现场发现的精液DNA，与德萨尔沃的DNA吻合。德萨尔沃杀害玛丽·沙利文的证据确凿。

至此，全案宣告结束。

二、全案疑点审视分析

不知道大家在看到“性侵—勒死”这个手法时想到了什么，笔者首先想到的是韩国华城连环杀人案，两个案件的相似点有：

两案被害人全部是女性，且都有老人遇害。

两案被害人大多是先被性侵，后被杀害。

两案被害人大多是死于自身所带物件（如尼龙丝袜），多数系被勒死。

不一样的是，笔者认为华城案的凶手无论有几个，其中一定不乏性欲倒错障碍的犯罪人，而就波士顿扼杀者而言，a凶手和b凶手均属于一般类型的入室性侵连环杀手。

现在要解决的问题是：

1. 为何判断存在两个凶手？

（1）犯罪人的“性侵—勒死”手法具有明显的模仿意味

从犯罪心理学的角度来说，细节的行为往往更加不容易伪装。笔者要说的这个细节在于：绳结。

根据现场的警察描述：“我们在两具遗体上发现的绳结不一样。”实际上，1962年8月案乃至6月案凶手的绳结为双重八字结，特点是牢固，不容易挣脱或打开。

1962年12月针对年轻女子的案件的绳结是很简单的单结，特点是容易系，也是所有绳结的基本结。

同样的系列案件，为什么出现了这样的巧合？但是离奇的是，从1963年开始，所有的案件，被害人无论是年轻女子还是老妇人，绳结的系法变得统一了。在这之后的案件，凡是现场留下绳结的，系法均为第一种。也就是说，1962年案是年轻女子被害案绳结系法的分界线。

凶手为什么会对绳结的系法做出调整呢？笔者认为，要么是一个人对另一个人的学习行为，要么是同一个人对自己的行为进行了统一。

（2）对现场的处理有明显的不同

警方认为：“当老人被杀时，现场很可怕，但一切都是整洁的，这与年轻女孩被杀时完全不同。”

谢尔曼、莱文 · 凯西和迪克 · 莱尔，这三位是调查犯罪现场的痕迹师，他们在1968年的一次访谈中同样谈到现场多次出现技术性差异的问题。

迪克 · 莱尔说：“我很惊讶杀人犯一会儿很聪明，一会儿又变得如此愚蠢。”

莱文 · 凯西说得更加直接一点：“连傻子也能看出来，这不是一个凶手干的。”

现场技术性差异主要体现在所有老妇人遇害案（A案、B案、C案、D案、E案、F案、I案、K案）中，除了C案凶手留下了一个血足迹外，其他案件的痕迹几乎没有多少留给警方鉴定。此外，凶手多次将现场按照个人意愿进行布景，将死者摆成各种戏弄和侮辱性的姿势，这里可以体现的是凶手在犯罪时的从容不迫和自始至终的标记性目的，而且具有一定的反侦查能力。

而几乎所有年轻女子遇害案（G案、H案、J案、L案、M案）中，凶手都有很多明显的疏漏。G案中，凶手居然把自己的手提包遗忘在了现场，可惜的是这个包里只有一些报纸和宣传广告，警方只提取到了一些残缺的指纹和掌纹。除此之外，凶手多次在现场留下了血足迹。这些血足迹，和C案的血足迹大小差别很大。

有人可能会觉得凶手可以通过“小脚穿大鞋，大脚穿小鞋”

来伪装，但要注意这种方法其实是很愚笨的，很容易被鉴定出来，由于脚部受力特点的影响，血足迹是很难这样伪装的，正所谓“穿大鞋容易出现分散血迹，穿小鞋容易出现印底集中块血迹”，这些伪装很容易就被一眼识破。

（3）犯罪地图学的心理画像

先来看看这次系列连环杀人案的案件发生地模拟图（图1–2）。图1–2中间这条街当时被叫作波特兰大道，多数案件都发生在这条大道沿线。按照犯罪地图学的理论来说，整条大道可以视为凶手的作案区域，但是由于作案人的心理舒适度的影响，在作案区域内，一般不会有聚集作案点出现。简单地说，就是凶手会把整个波特兰大道当作狩猎场，但是不会把作案地点集中在某一处。

有趣的是，我们可以看出，针对老妇人的前几起案件，凶手虽然是在沿线作案，但是彼此均隔了很远的距离，而针对年轻女子的案件，居然都选择在老妇人被害地点的附近作案。这绝不像一个人实施的系列案件，更像是b凶手对a凶手的追随学习式行为。

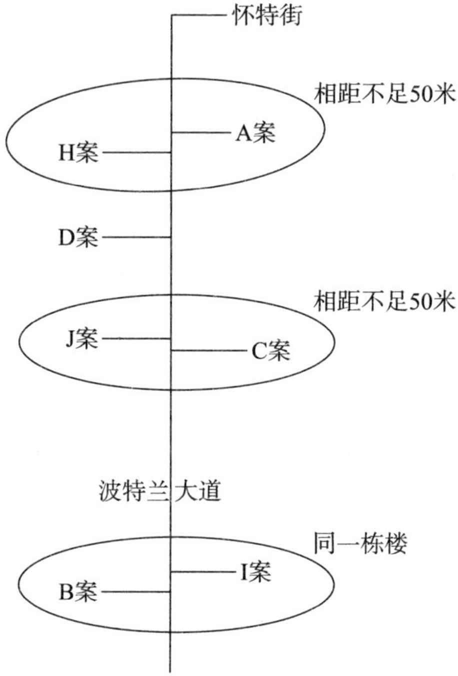

图1-2　案件发生地模拟图

说完这几点，我们再结合前文分析，就可以很清楚地看出：

- 存在两个凶手，而且b凶手一直在模仿、追随、学习a凶手；
- a凶手：老妇人扼杀者；
- b凶手：年轻女子扼杀者。

而且，从b凶手对所有案件细节的了解程度来看，可以推测：a凶手与b凶手认识，而且a凶手是b凶手的“导师”。

2.关于犯罪人类型

a凶手与b凶手都不是性变态连环杀手。a凶手属于“以性侵作为内在发泄的基本手段，以纯粹的寻求杀戮欲望的满足作为根本动机”的连环杀手。b凶手属于“以性侵作为内在发泄的基本手段，以寻求满足性欲望作为根本动机，并非寻求杀戮快感”的连环杀手。

我们来看看德萨尔沃的经历。德萨尔沃原本有个幸福的家庭，有一个美丽贤惠的妻子和一个很可爱的儿子。但德萨尔沃整天游手好闲，不务正业，还总是在外面小偷小摸，甚至因此被警方抓过几次，原本和睦的家庭开始变得危机四伏。德萨尔沃在妻子身上得不到满足，就开始在外面寻求安慰。

可以说，德萨尔沃对于性欲的需求是很高的，但是在妻子身上得不到满足，所以他开始寻找其他能够使他获得满足的途径。此时，如果他遇到a凶手这个级别的连环杀手，而且a凶手已经对其进行A、B、C、D、E、F六起典型案例示范，那么他完全可能变为一个“不纯粹的连环杀手”。所谓“不纯粹”是指凶手作案的主要目的是满足自己的性欲望，而不是杀戮欲望（他也是因此被抓的）。加上精液DNA比对结果，b凶手是德萨尔沃，笔者认为这点没有问题。

而这个神秘的a凶手，由于可供画像的证据太少，所以最简单的画像结论只有下面几个（或然）：

- 社会地位高，智力水平高，平日为人处世彬彬有礼，外在形象好；
- 职业可能是律师、警探，或者和行政有很大关系；
- 年龄在30—40岁，身材偏胖；
- 声誉口碑好，无重大不良记录；
- 不为人知的经历中或许存在被虐待的记忆。

3. 其他

乔治 · 纳萨尔是a凶手吗？有很多人怀疑乔治 · 纳萨尔是凶手，这个人是德萨尔沃的狱友，有很多疑点，但是笔者的结论是：a凶手不可能是乔治 · 纳萨尔。

原因在于这个人没有一处符合笔者的画像特征，实际上他也不具备作案条件。

1948年，乔治 · 纳萨尔因为和朋友一起杀人而被判处无期徒刑，因表现良好提前出狱。他杀人的原因是图财，当时直接抢过朋友手上的枪将被害人打死并抢走了被害人的车和钱包，行事鲁莽冲动，没有任何计划和预谋。

1964年9月29日，因为一点口角枪杀了44岁的加油站老板和他14岁的女儿而再次被捕入狱，被判处终身监禁。

此外，乔治 · 纳萨尔社会地位极其低下，靠做一些重体力活维持生计。

乔治 · 纳萨尔属于很典型的无组织型犯罪人，智力水平低，基本上是不可能实施处理如此细致的老妇人系列被害案的，也无法对德萨尔沃起到绝对的“领导”作用。

三、结语

20世纪中后期的美国社会一度较为混乱，各种犯罪行为层出不穷，连环杀手极度活跃，无辜的生命一个接一个逝去，警方办案存在很多问题，也出现过很多冤假错案。但是这些也成就了美国现在高度发达的犯罪学和较完备的刑事侦查体系，但愿那些无辜的亡灵在这个国度能够感到欣慰吧。而过去那些利用刑侦技术不成熟，利用社会阴暗面来躲过法网的罪犯，或许已经带着罪恶肮脏而血腥的灵魂堕入地狱。笔者希望，无论是现在还是未来，这些魔鬼都越来越少，而躲过法网的魔鬼也将不复存在。

5

每落一子，便杀一人——棋盘杀手亚历山大·皮丘什金案

诛杀同类以获得一种扭曲的、非正常的快感，这是很多连环杀手的共同需求。如果你仔细揣摩他们的意图，那么你应该明白一个常识性的结论——“连环杀手不受国界限制”。这句话并不是指他们喜欢跨国界行凶，而是指他们几乎存在于每一个国家的犯罪史中。这关乎人的极恶本性，不是由国家意识形态、社会经济水平等外部因素简单决定的。

20世纪后半叶，臭名昭著的食人魔安德烈·齐卡提洛在苏联肆意屠戮那些无辜的人。在确定的53名被害人中，有男性也有女性，最小的被害人年仅7岁。警方一次又一次让这个恶魔从自己眼皮子底下溜走。

1994年2月14日，安德烈被执行死刑，在很长一段时间里他都被称为“俄罗斯最恐怖的杀人魔”。直到7年后的2001年，

莫斯科再次出现一个尝试“挑战”安德烈杀人纪录的连环杀手，一个“视杀戮为艺术”的“救赎者”。

一、罪案全貌概述

1.危险的诱惑

2001年年初，一个名叫玛丽娜·福里切娃的19岁女子乘坐火车到达了莫斯科。她的处境非常不好：没有工作，已怀孕半年。无依无靠的她准备找个地方住下，但是像她这种贫穷的人，最好的去处就是那些管理混乱、薪水按小时计算的酒吧街。

那天傍晚，玛丽娜在靠近卡霍夫斯卡火车站的酒吧街闲逛，一个风度翩翩的男士突然出现在她的视野里，他举着酒杯，倚在酒吧门外的台柱上，举止优雅，两个人的目光就这样不约而同地碰在了一起。

这个男士极有礼貌地邀请玛丽娜吃饭，两人相谈甚欢。他自称是个作家，苦于没有灵感而整日怅然，这才来到酒吧街排解愁绪。在玛丽娜眼里，这是个整洁而有才华的绅士，更重要的是，他在了解自己的悲惨处境后居然答应拿出一些自己收藏已久的藏品相送。

就这样，被感动的玛丽娜毫无戒备地跟着对方来到比茨维斯基公园里，两人有说有笑地朝着公园深处走去……这时，那个男人脸上的笑容逐渐消失了，他警惕地观察着四周的状况，突然发疯似的抓住玛丽娜的头发，一拳又一拳地打在她的脸上。被打得失去还手之力的玛丽娜陷入了昏迷，最后被推进一个散发着恶臭气味的污水沟里。

玛丽娜是幸运的，她用尽全身力气从沟里爬了出来，在清晨被路过的晨跑者所救。想起前一夜发生的事情，她本想将一切告诉警察，但想到那个男人在攻击自己时说的那些极具威胁意味的话，于是她选择隐瞒这件事，说自己是“不小心掉进了沟里”。初来乍到的她不知道，在这个公园已经发生过多起恶性杀人案件，是警察的重点监视区。

玛丽娜·福里切娃是这宗连环杀人案中仅有的3个幸存者之一。而她的沉默，让凶手更加肆无忌惮。

2. 连续不断的杀戮

2001年2月14日，一个名叫别林斯基的51岁男子也在酒吧与陌生男子相遇。这个有些秃顶的男人正为找不着工作而发愁，而陌生男子承诺给他一份在自己家里当管家的差事，薪水诱人。酒过三巡后男子让别林斯基和自己回家签署一份工作证明。两人一起来到陌生男子家里后，这个可怜的人被一枪结束了性命，尸体被扔在比茨维斯基公园的下水道里。

仅仅一个月之后，又一个流浪汉遭到毒手，被人活活掐死，尸体直到7月才被人发现。

凶手在以各种方式不停地杀人，但造成的社会影响似乎没那么大。莫斯科警察意识到近期内不断发生的凶杀案，但那些死的人多数是中老年人，男女都有，身份难以查证，且死法各异，有的被掐死，有的被枪杀，也有的被推进水里淹死……这些人之间一点联系也没有，警察们不知道凶手杀害他们能够获得什么。据莫斯科警察局当年负责刑事案件调查的罗蒙洛索夫警官说，当年发现无名尸体的速度过快，但每个尸体的身份确认工作都极为困难，而这又是司法程序要求必须明确的，否则难以进行深入的调查。就这样，警方在尸体身份确认上花了大量人力、物力，最终的结果是很多尸体查来查去还是无名尸，而对于案件性质的思考、针对凶手的追查反而受到了巨大影响。

潜伏在黑暗中的凶手对于警方面临的困境似乎非常清楚，但他并没有那么得意和开心，反而非常恼怒，恼怒那些被害人的尸体迟迟不能被发现，恼怒那些死者由于自身身份低劣等原因并没有引起他所设想的负面社会效应。

于是，他开始了一系列更加有恃无恐的杀戮。2003年2月26日，食品厂下岗工人，45岁的冈查列夫被人勒死在比茨维斯基公园里，尸体被摆放在路灯下。3月3日，退休小学教师，57岁的伊万诺维奇被人掐死在比茨维斯基公园里，面部被钝器打击以致难以辨认、血肉模糊，尸体被摆放在上次发现尸体的路灯旁。3月14日，42岁的清洁工鲍里斯被人枪杀，尸体在比茨维斯基公园的东路边被发现。

比茨维斯基公园接连不断的杀人案让莫斯科警方非常震惊，相比2001年年初那些案件，这些案件现场都有一个明显的特征——凶手会在隐蔽处杀人（那里往往会留下一些证据，比如血液等），然后将尸体拖到容易被人发现的路边。

一时间，比茨维斯基公园被警方列为危险地区，无论是白天还是黑夜都有大量便衣警察在那里巡查，凡是看到人就要记录其身份信息，在短短的一个月时间里居然调查了近480名公园里的游客，为了保证公园不再出现命案，警方更是限制游客只能在白天部分时间段进入，进入前也要一一严格记录。

就这样，风景秀丽的比茨维斯基公园成了一个代表着魔鬼出没的地方，就算是那些住在附近的居民出门都结伴绕道走，主动进去游玩的情况几乎不存在了。

警方所做的努力，电视、报纸上的各种报道，大街小巷群众的各种猜测……这些让那个未知的杀人凶手感到非常愉悦。这种愉悦感和杀人带来的快感不一样，比杀人带来的快感更有一种莫名的延续性。他会在电视机播报新闻等不经意的时刻感受到快乐，这让他能够暂时控制住自己别往火坑里跳。对于他来说，待时局变化再行杀戮才是理智的选择，毕竟人总是容易随着时间的流逝而忘记一些事情。

3.疏于防范的后果

整个2004年，莫斯科警方对于比茨维斯基公园的管理呈现出逐渐松懈的态势，这是完全可以理解的，长期派出大量警力守在公园里是一项非常费时费力的工作。警察们筋疲力尽，也深知就这样守着等凶手自投罗网几乎是不可能的，是一种被动且治标不治本的做法。随着风声逐渐散去，凶手没有继续实施那些残暴的杀人案，莫斯科警方在2004年9月宣布比茨维斯基公园恢复正常出入。

其实，莫斯科警方完全可以佯做宣告，实则继续派遣部分警力对公园进行定期的巡逻，但他们没有这样做。所以结果就是凶手如同出笼猛虎一般，不仅加快了自己杀人的频率，手法上也不再满足于枪杀、扼杀等行为，更加血腥、暴力的一系列案件再次在比茨维斯基公园上演。

2005年3月23日，鲍里斯的尸体在公园路边被发现。他是一个流浪汉，被害时的样子骇人至极。

2005年4月，比茨维斯基公园又陆续发生了四起类似的案件，被害人均是死于重度颅脑损伤。而凶手似乎不满足于此，喜欢对被害人破碎的头部进一步施加破坏，于是他又有了一个称号——“比茨维斯基公园的头骨撕裂者”。

大量的警察又回到了公园。和上次一样，狡诈的凶手又藏了起来，他就像一个得了手的大盗，出山一次得到的赃物总是够他吃一阵子的，心里还想，“就让那些傻乎乎的警察慢慢忙吧”。

警方的排查工作不可谓不细致，但排查的结果并不令人满意。2006年2月，警方在公园里逮到一个形迹可疑的男子，他的包里有一把小刀，此人被莫斯科警方列为重要嫌疑人。这个人没有正当职业，以前因为性侵罪有过案底，符合警方对于凶手的猜测。更关键的是，这个嫌疑人居然在审讯中透露出自己与公园杀人案有关的一些口供，这让警方十分欣喜，甚至有多家报纸发表了“比茨维斯基公园杀人魔被捕”等新闻。

大多数人松了一口气，但那个“真正的凶手”却为此勃然大怒，他不允许有“冒牌货”顶替自己，于是在一周内用类似的手法连杀两人，案件细节与前面的案件完全一致，以此公开向警方传递“你们抓错人了”的信息。

后续的调查发现，2月在公园发现的嫌疑人是1月刚从北高加索回到莫斯科，之前的很多案件他都没有空间和时间条件，最终被排除嫌疑。

4. 落网

2006年6月，一男一女两人走进了比茨维斯基公园。女人叫作玛丽娜 · 莫斯卡尔约娃，是一个普普通通的单亲妈妈，在一家超市当售货员。她在当天下午3点出门，给她的儿子留下一张字条。她的尸体在公园里被发现，有与其他被害人完全一样的伤情和死因。

她的儿子将母亲失踪的情况告诉警方，警方根据字条上的信息确定了她当天的预定活动路线，并在一个地铁监控处发现了线索——案发当天下午，她和一个男人非常亲密地走在一起，这个男人的名字也写在那张字条上——亚历山大·皮丘什金。亚历山大和玛丽娜·莫斯卡尔约娃就职于同一家超市，据周围人说，两人平时关系很好。

6月16日，警方锁定了亚历山大的住宅，在其公寓外一层又一层围了几圈，成功将其抓捕。在亚历山大的屋子里，警方发现了一张手绘版国际象棋棋盘，上面的64个格子中63个都已经被备注日期，此外还有一把手枪，子弹型号与公园杀人案里部分死于枪击的被害人体内发现的子弹型号完全一致。

让莫斯科警方没想到的是，他们和亚历山大不是第一次见面了。这个人被排查过数次，身份信息也被记录多次，但一直没有被列为重要调查对象。更让人惊讶的是，针对亚历山大的审讯过程进行得非常顺利，亚历山大对于很多案件的细节，包括被害人信息、特征都烂熟于胸。

亚历山大坚称自己杀了63人，但直到此案移交给首席检察官尤里·肖明，警方也只掌握符合条件的52起案件，这很可能意味着有很多被害人的遗骸直到案件审判结束也没被找到。

2007年10月，莫斯科法庭判处亚历山大·皮丘什金终身监禁，这已经是俄罗斯当时的最高刑罚。

二、犯罪心理简要分析

从案件性质的角度来说，这是具有代偿色彩、以谋求杀戮欲望和扭曲关注感满足的连环杀人案。比较少见的是，亚历山大的动机需求中寻求性满足的成分很少。

犯罪动机体系是指推动犯罪人实施犯罪行为的多种动力源。要知道，一切动机都不是平白无故产生的，答案很多时候需要更多地从犯罪人的经历中去寻找。

1.犯罪人人生经历

缺乏父爱的亚历山大从记事起就和母亲生活。可是在20世纪80年代的苏联，经济衰退造成的苦果渗透到社会的方方面面，亚历山大的母亲没有固定的工作，有时候需要打几份短工才能维持这个家庭，如此一来就没有陪伴孩子、照顾孩子的时间，最后只能将年幼的亚历山大送进一个专门收容穷苦儿童、孤儿的福利性寄宿学校。那里环境恶劣，老师教的都是一些庸俗不堪的内容。在这样的大环境下，独来独往的亚历山大总是遭到其他学生的欺负，这些记忆在其内心留下了抹不去的阴影，其中满是孤独、愤怒，以及委屈、疑惑。

在暗无天日的日子里，祖父的出现犹如一缕阳光。亚历山大的祖父在得知其处境后决定将其从学校里接出来，在那之后亚历山大终于感受到亲人的温暖。祖父在另一所小学给他办理了入学手续，比之前的学校更正规，环境也更好，最关键的是他每天能吃饱喝足，不受欺负。可惜好景不长，这位慈爱的祖父在不久后因为年纪太大去世了。这让亚历山大受到了极大的打击，他又恢复了以前那种孤僻、独来独往的性格，成绩也从中上水平变成了倒数，即便他的母亲将其接回自己的身边，他的情绪在多数时候依旧显得非常低沉，母子关系也不亲密。

对于习惯了独来独往的亚历山大来说，每天放学后最佳的去处就是离家不远的比茨维斯基公园，陪伴他最多的是一条小狗，那是他唯一的朋友。小狗死后，亚历山大非常痛苦地将它埋在了比茨维斯基公园的树林里。

在当时的苏联，上学，当兵，然后上大学，应该是普通人的经历。但亚历山大学习成绩太差，又早早地沾上了酒瘾，没有得到正常人应该得到的机会。虽然找到过几份待遇不错的兼职，但最终也因为他喝酒误事而丢了工作。所以他的工作经历可谓丰富，油漆工、搬运工、洗碗工他都干过。在1992年，年满18岁的亚历山大打算从警，但因体质不合格而没有获得机会。

从警未果，这次挫折或许是“压死骆驼的最后一根稻草”，18岁的他第一次杀了人——被害人是他的同学，亚历山大自称视其为情敌，于是将其从楼上推下，导致其当场死亡。警方发现了不对劲的地方，也对很多人进行了审讯，其中就有亚历山大，但没有发现什么实质性的证据，最终此案以一起意外事故为结论画上了句号。但亚历山大从这次行动中意外体验到前所未有的快感，不只是杀了自己所恨之人的快感，更是一种戏耍警方获得的满足感。这让亚历山大内心的猛兽觉醒了，并且一发不可收拾。

亚历山大从这次杀人中体验到一种满足感和权力感，他称自己“变得前所未有的自信”。这份自信也帮助他找到了工作，同时让他深信“所有警察都是蠢货”，为他多年以后的杀戮埋下了罪恶的种子。

2. 犯罪心理分析

基于以上经历，为了更深入地了解亚历山大 · 皮丘什金的犯罪心理，我们需要解决以下4个问题：

（1）问题一：为什么杀人？（动机是什么？）

- 将杀戮作为平衡长期以来失败和挫折的途径，从杀戮中获得一种扭曲的自我证明机制的满足；
- 杀戮上瘾，杀人取乐（获得快感）。

（2）问题二：杀人手法透露出什么心理？

亚历山大的系列杀人案，手法和细节存在一些阶段性差异：

- 第一阶段，杀人藏尸（手法各异）；
- 第二阶段，杀人但不藏尸，反而将尸体放在容易被人发现的地方（手法各异）；

• 第三阶段，杀人但不藏尸，已经不满足于过去杀戮的残暴程度，此阶段其行为残暴度已经达到顶峰。

这些阶段性差异的根本原因在于连环杀手的杀人快感具有不断发展的特征，随着得手次数的增加，无论是作案需求还是残暴程度都会增加。

（3）问题三：为什么时隔9年才开始连环杀人？

因为亚历山大不是那种“从小就为非作歹”的“天生犯罪人”（反社会型人格障碍），虽然他的童年记忆充满了背叛和痛苦，但他从小一直没有什么过激行为，这是一种长期淤积、最终表现出来的心理病态。

说得简单一点，他是有那么一点“人性”的。在1992年第一次杀人后，亚历山大的内心非常复杂，一方面有点害怕，害怕警察查出证据；另一方面他又觉得非常“过瘾”，但证据不足等原因让他逃过一劫，这使他本来矛盾的心结解开了，反而开始得意扬扬。正如他说的，当他发现这起杀人案隐没的时候，感觉“就像初恋，我永远也忘不了这种感觉”。对于他来说，这是一次尝试，刺激而又迷人，危险而又美丽，加剧了他内心的动荡，但没有使其彻底过渡为一个连环杀手。他还需要一些时间来“沉淀”，在第一次的基础上进一步发展、深化关于杀戮与暴力的种种幻想。直到9年之后，一切都到了不可收拾的地步，一个连环杀手就这样出现了，此时的他和过去已经判若两人。

（4）问题四：为什么以这样一种结局收场？

亚历山大作案一向谨慎，所选择的被害人一般是那些与他素不相识的人，但最后却选择了他的同事作为下手对象，为自己被捕埋下了伏笔，看上去是一种自杀性的行为。之所以会如此选择，亚历山大也给出了自己的理由：

“我知道她给儿子留了字条，上面有我的手机号，这样警察就可能找到我。当我们在公园散步的时候，当我们聊天的时候，我一直在想：是杀了她，还是放弃这个念头？最后，我决定冒一次险。毕竟当时我已经在那种要杀人的情绪中了。”

所以，他在选择玛丽娜·莫斯卡尔约娃为被害人的时候就做好了被捕的心理准备。之所以这样做，是因为他的心理需求发展到了极致，过去针对陌生人的杀戮已经让他麻木，无法进一步满足他不断发展的需求，因此选择有最大风险的做法。

第二章

精神障碍杀人犯

6 罗斯托夫屠夫——安德烈·齐卡提洛案

一、罪案全貌概述

罗斯托夫是一个富饶的城市，然而在20世纪70年代，这里出现了一个令人闻风丧胆的杀人恶魔。为了探寻凶手的作案规律，笔者选择最有代表性的八个案件来介绍。

1. 第一案

1978年12月22日，被害人为9岁女孩叶蕾娜·扎科特诺娃，尸体在浅河滩被找到，系遭遇捆绑暴力性猥亵，后被凶手连捅三刀抛入河中。就死因而言，腹部三刀不具有致命性，在被捅三刀后凶手认为其已经死亡，遂抛"尸"于河，其实被害人的综合死因是溺水及失血过多。

第一犯罪现场及相关物证和喷溅状血迹在离河不远的一个

囤粮仓库里被找到。但这个仓库是私人匿名购买的，无法找到其所有人。

2. 第二案

1981年9月3日，被害人为17岁女孩拉瑞萨·卡臣科，她的尸体在弗乃丛林被找到，系被凶手虐待致死，尸体上留有多处牙印且左乳头被咬下，有奸尸迹象。值得注意的是，这个女孩是性服务工作者，凶手很可能是以服务的名义将其诱骗至丛林深处杀害的。

3. 第二十案

1984年7月10日，被害人为10岁男孩德米特里，他的尸体在左康丛林的一个小河边被找到，系被猥亵后连捅六刀导致直接死亡，生前曾遭到数小时的虐打。孩子的母亲是火车站旁一家商店的店员，孩子是在商店附近消失的。

4. 第二十五案

1984年7月19日，被害人为19岁女孩安娜·列梅舍夫，她的尸体在城郊的废弃工厂被找到。被害人生前遭遇捆绑虐打后被用刀捅死，奸尸，破坏尸体。这个女孩不久前辍学，打算去找一份工作，凶手很可能是利用这一点进行诱骗的。

5. 第三十三案

1985年8月1日，被害人为18岁女孩娜塔莉亚，她的尸体在一个小湖中被发现。被害人生前遭到捆绑虐打，最后被捅死，舌头也被凶手咬断，臀部部分缺失。死者于放学回家途中失踪。

6. 第四十四案

1989年8月19日，被害人为19岁女孩叶连娜·瓦尔加，她的尸体在左康丛林深处被找到。被害人生前遭到捆绑虐打致死。被害人是盲人，于早晨上学途中失踪。

7. 第四十九案

1990年7月28日，被害人为13岁男孩维克多·彼得洛夫，他的尸体在郊区丛林被找到，系长时间虐打致死。被害人死前遭到猥亵，性器官丢失。这个男孩是被他的父亲打了一顿离家出走后遇害的。

8. 第五十二案

1990年10月30日，被害人为16岁男孩维克多·季科，他的尸体在一条僻静的小道上被发现，系死于失血过多，致命伤是捅向心脏的一刀。被害人死前遭到长时间束缚鞭打，生殖器被切下，刀伤遍体，死后舌头被凶手咬断。

二、犯罪特点

通过这八个具有代表性的案件，我们可以总结一下该凶手最基本的犯罪特点。

1.利用各种理由将被害人骗至丛林等人迹稀少的隐秘场所，施加暴行。对于年纪稍小的“猎物”，凶手利用糖果等物品引诱。对于多次在劳动力市场寻求工作的“猎物”，凶手谎称自己的工厂在招聘，对被害人加以引诱。对于自身有缺陷的被害人，凶手谎称帮助其到达目的地，实则将其带到作案地点。

2.犯罪行为具有严重性欲倒错障碍的症状且标记复杂。凶手习惯于捆绑虐待被害人，习惯于将被害人扼死或用刀反复戳刺腹部致死。凶手会奸尸、虐尸，甚至破坏被害人的尸体，剖取器官进行食用，饮用被害人的血液。

3.凶手对于被害人性别没有明显选择性，但从年龄上看，凶手偏爱年纪小的男性，对女性被害人选择无明显偏好。

根据资料显示，53名被害人中，女性32名，男性21名，年龄最大的为44岁，最小的仅7岁，男性被害人的年龄均不超过16岁，而女性被害人的年龄跨度很大（8岁至44岁）。

4.凶手不注重对犯罪现场的清理和证据的销毁，反侦查能力一般。第一，凶手每次作案都会留下很多足以定罪的证据，如精液、指纹、足迹等。第二，凶手很多次作案场所没有经过仔细挑选，以至于很多案件存在目击证人。实际上，正是第二点让凶手最后落网。

1990年11月13日早晨，又有一具女性尸体在丛林边被发现，经过身份确认后，有一位目击证人指出这位女性生前在车站附近被一个瘦高个男子搭讪，警方提供所有嫌疑人肖像特征，就这样找出了齐卡提洛。

其实，警方对这个人已经很熟悉了。

早在第一起案件发生后就有目击证人称看到齐卡提洛带着被害人扎科特诺娃在河边行走，警方之后也很多次根据线索找到了齐卡提洛，对他的调查也进行过不止一次，但是很多“复杂原因”让他一次次逃脱法网。

所谓的“复杂原因”包括当时社会动荡，很多部门办事不力，甚至出现受贿放过凶手的现象。比如，在1987年9月，一名便衣警察发现齐卡提洛试图诱拐一名女性，警察将其带回调查，可惜不到一天就将齐卡提洛释放，这样的事出现过很多次。此外，官方“不相信自己的国家会出现连环杀手”，以至于一直不愿意并案调查，调查方向在很长时间里是有问题的。

1990年11月20日，齐卡提洛正式被捕入狱，这一次警方用了很多项检验方式对他进行鉴定，包括指纹、精液、血型检验等一系列鉴定项目，最终确认齐卡提洛至少犯下卷宗明确的53起命案。其实真实数量，应该远不止53起。

1992年10月，法官宣布："考虑到他所犯下的可怕罪行，除了死刑，本庭认为没有其他选择能成为此人应得的惩罚，因此，我判处齐卡提洛死刑。"

1994年2月，齐卡提洛被执行死刑。

三、犯罪心理简要分析

1. 系列案件定性

以暴力虐待作为内在发泄的基本手段，以寻求控制欲和满足杀戮欲望为根本动机的连环杀人案。

2. 犯罪心理成分分析

安德烈·齐卡提洛犯罪心理成分=极端的性欲倒错障碍+连环杀手畸形的杀戮欲求+对社会的仇视心理。

3. 其他：患有性功能障碍

（1）"极端的"性欲倒错障碍

为什么用"极端"这个词呢？因为齐卡提洛的性变态不仅类型非常多，且程度非常严重。为了方便理解，还是用公式的方式阐述一下：

齐卡提洛的性欲倒错障碍=严重的性施虐障碍+恋物障碍+

恋童障碍+恋尸癖。

a.性施虐障碍。

本案中齐卡提洛的行为属于比较严重的性施虐障碍，他的行为常常伴有捆绑虐待、毁尸等标志性动作。

b.恋物障碍。

这里的恋物障碍比较特殊，因为这里的“物”是指凶手从被害人身上获取的“纪念品”。齐卡提洛具有从被害人身上带走身体器官的行为，可以间接满足其变态性需求。齐卡提洛的食人行为是由虐待心理导致的，此类食人者多为性变态人格体，且带有强烈的性意味与附加对内在自我满足感的平衡。

c.恋童障碍。

根据前面的数据统计，我们已经知道，齐卡提洛的犯罪对象倾向于年龄偏小的男孩，这里有一主一次两个原因。

主因是齐卡提洛属于攻击型恋童癖者，他由于各种原因而存在一种攻击心理，想借助于折磨儿童发泄出来。也就是说，他除了借助儿童满足自己的病态性欲，还有非常强烈的攻击倾向和伤害倾向，往往用各种残忍和变态的手段来蹂躏儿童的某些器官，发泄畸形的欲望。

次因是齐卡提洛对制伏成年男性的信心不足。

附：针对男童的恋童癖者心理分析（或然）

犯罪人多为同性恋，年龄结构以青壮年居多。

四种基本心理动机：一是童年时期曾被男性猥亵或鸡奸，成年后带着报复或寻求快感的心理，成为恋童癖者。二是社会压力大，所处环境复杂，对成年人尔虞我诈的人际关系感到厌恶和恐惧，进而想寻求简单安全的交往，把兴趣转移到天真无邪的孩子身上。三是由于社会地位低下，家庭关系不和谐，反复遭受女性侮辱，这种人要么对成年女性愤恨至极，要么厌恶无比，从而把兴趣转到男性身上，但由于很难找到同伴，进而以男童代替。四是本就为同性恋，单纯因为无合适的性伴侣便以男童替代。这些有同性恋倾向的患者大多是已婚的，而且他们更喜爱一个年龄较小的对象，即12岁至14岁的对象。

d.恋尸癖。

在齐卡提洛有记录的53起案件里，有超过25起存在奸尸行为，而考虑到其性变态心理的复杂性，这种恋尸癖也略微特殊，属于广泛意义上的恋尸癖。齐卡提洛的这种恋尸癖，归根结底在于其对内在控制欲的不满足。在他身上有一种支配其性交对象的强烈欲望，这种欲望的满足在其变态性满足中占据十分重要的地位。

（2）对社会的仇视心理

齐卡提洛没有反社会人格障碍，但是存在对社会的仇视心理，这是他成为连环杀手的因素之一。这一点自然是从他的人生经历讲起比较好。

1936年10月，齐卡提洛出生在乌克兰的一个小村庄里，他的家庭条件艰苦，父母都是普通农民。而当时的乌克兰到处闹饥荒，齐卡提洛有一个哥哥，很小就失踪了，而他的父母一直认为这个孩子是“被邻居用来炖汤喝了”。虽然无处证实，但可以看出齐卡提洛有一个贫困而悲惨的童年。

更加残酷的是，1941年苏联卷入第二次世界大战后，齐卡提洛的父亲应征入伍。1943年父亲被俘，整个战争期间，齐卡提洛几乎每天都要目睹那些爆炸的炮弹、随处燃烧的房屋和无数死去的人。而据齐卡提洛供述，他曾经亲眼看到母亲被德国士兵轮奸，这也是导致他日后性功能障碍的一大原因。对刚开始认识这个世界的齐卡提洛来说，世界展示给他的是血腥和暴力，这让他感到无限恐惧。

几年后，齐卡提洛上学了。在老师眼里，他是一个害羞而用功的学生。而在同学眼里，这个身体羸弱、性格沉默的孩子是一个绝佳的欺凌对象，他经常被“群起而攻之”而不敢还击，后来到了五年级只好在家自学。熬过了战争，齐卡提洛又被抛弃在了学校与家庭的夹缝中，就算在家自学，严苛的母亲也经常对他拳脚相向，而这些充满戾气的经历，正好是他施虐心理萌芽的土壤。

后来，齐卡提洛毕业了，成为他们那个集体农庄里唯一的大学生。在申请大学时，家境贫寒的齐卡提洛数次申请助学基金，但都被驳回。据他所言，这是由于他的父亲在“二战”时被俘虏导致。

由于家里实在没钱，齐卡提洛放弃了成为一名大学生的机会，去了库尔斯克打工实习。这个时候，他遇到了自己的第一个恋人，但是这段关系仅仅维持了18个月，原因是他无法让女方过上正常的性生活。1963年，齐卡提洛和另一个女人结婚了。1970年，他找到了一个大学讲师助理的工作。一切到这里，看起来都还风平浪静。

1973年5月，齐卡提洛盯上了一名学校的女同学并实施了侵犯。看到对方挣扎于痛苦之下，他感受到了无与伦比的快感。几个月后，他故技重演，对另一名女同学下手，但是两个女孩都选择缄口，没有让他付出任何代价。于是，邪恶的萌芽开始急速生长。在学校期间，他由于太多的不检点行为，如偷进女生宿舍等，遭到大量检举，并于1981年被解职。

这时候，人们还不知道，1978年12月和1981年9月的两起凶案就是出自他手。

让我们回顾一下他的经历吧。贫困而危机四伏的童年，求学之路的失败，由于性功能障碍而失败的婚姻，由于性变态行为而如过街老鼠，这些都让他处于社会中的弱者地位，他一直被人轻视、打压、嘲讽，但是他发现让他幻想满足的那些犯罪行为居然没有受到很有威慑力的惩罚，于是他选择了彻底堕落。此外，他把很多不如意归结于政府的高压政策，这导致了他对社会的仇视心理。

更重要的是，在各种充满性暴力的侵犯过程中，他感受到自己成了掌控一切的人，而不再是被别人所掌控的人。除了满足生理需求，他最需要获得的是一直没有得到过的两样东西——力量感以及控制欲。

（3）连环杀手畸形的杀戮欲求

齐卡提洛符合“标准版”连环杀手模式。一是他选择的对象是陌生人。二是作案具有部分行为连贯性。三是周期性对杀戮上瘾，存在冷却期。四是暴力等级随作案数量的增加不断提升。

（4）性功能障碍

幼童目睹至亲发生性行为，特别是强迫性性行为，很容易导致性功能障碍。

四、小结

连环杀手的产生是很复杂的，除了犯罪人自身，社会环境也有非常重要的作用。比如此案，新闻媒体一度报道不多，使广大民众对社会上潜伏着这样一个恶魔一无所知，也缺乏应有的警惕性。而社会运转机制中的弊端也间接造成了齐卡提洛能够疯狂作案12年之久。

7

汉城嗜血恶魔——柳永哲案

“一种充满了力量的感觉，我不知道，我觉得异乎寻常……那种感觉时不时奔涌而出，刺激超乎想象，随便你怎么称呼那种感觉，我没什么理由可以解释为什么我喜欢这么做，我没法解释这一切。”

上面这句话出自美国马里兰州诉梅尼斯系列杀人案件的始作俑者乔·罗伊·梅斯尼之口，他告诉了我们连环杀手一些“微妙”的感受特点，而这也是最让人毛骨悚然的地方——他们这个恶魔群体，欲求只有通过对同类的杀戮才能得以满足。

韩国的犯罪片相信大家看过不少，像《素媛》《熔炉》《杀人回忆》等，都有真实案例可寻，其对人性的深层次剖析很值得思考。

而今天笔者要介绍的“柳永哲连环杀人案”，也有改编成的电影——《追击者》。

此剧剧情不算复杂，电影中的一些场景来自真实案件，感兴趣的可以去看看。但笔者想说的是，电影哪有现实来得刺激，相信看完本书，你会对这宗创下韩国历史上连环杀手作案数之最的案件有一个非常清楚的了解。

一、罪案全貌概述

1.黑暗中伸向无辜老人的魔爪

（1）第一案（“完美”的开始）

2003年9月24日，早上9：30至10：00，柳永哲伪装成检修工人进入了73岁的李明华及其68岁的夫人李珍玉两层结构的独栋住宅中。刚进门，柳永哲就用事先准备好的钉锤将两人砸死。李明华和李珍玉有一儿一女，儿女该时间正在上班。

（2）第二案

2003年10月9日，下午3：00至4：00，柳永哲伪装成推销人员进入了钟路区旧基洞85岁的姜恩英女士家中。将其砸死后，又进入内室将其60岁的儿媳李秀景和35岁的外孙高民俊砸死。其实这一天这个时间，高民俊本应在办公室上班，但是由于身体不舒服所以向事务所请假在家休息，不料遭此厄运。

（3）第三案

2003年10月16日，早上9：00至10：00，柳永哲伪装成送信工人进入了江南区三成洞军需企业总经理71岁的崔成浩家中，将他和他69岁的妻子李艺恩、用人李某（具体名字不详）全部砸死。在砸死三人后，柳永哲故意把衣柜翻乱，用锤子敲击金柜留下数个凹槽，企图将现场布置为入室抢劫杀人。

这次作案后，警方对几起案件进行了串并，在凶手大致作案范围内的街道上安装了成规模的闭路电视监控系统。

（4）第四案

2003年11月18日，晚上10：00至12：00，柳永哲通过钻排水管闯入了钟路区惠明洞的独栋住宅，将87岁的主人金慧兰与家中53岁的用人裴成媛以及35岁的李素彦三人全部砸死。

不难看出，以上四起案件有两个基本特点。一是凶手针对老人和富人阶层。二是凶手作案谨慎，计划和预谋周密。

2. 转折和延续

（1）第五案（复返）

似乎人间蒸发了近100天后的2004年2月26日，柳永哲拨通了应召女郎郑智兰的电话，要求其提供上门服务。郑智兰称自己身体不舒服拒绝提供服务，柳永哲提出自己可以到她的住处找她，郑智兰答应了。于是，柳永哲来到了位于石明区的郑智兰家中，与其发生性关系后，马上用锤子砸死她。由于担心精液会被用于DNA检验，柳永哲干脆一把火将房子烧毁，试图掩盖真相，这起案件被警方称为“石明区杀人纵火案”，警方一直将其当作仇杀案件来排查被害人的人际圈，浪费了大量人力物力。

（2）第六案

2004年3月11日夜，柳永哲打电话给应召女郎朴承美，要求其提供上门服务。当朴承美进入柳永哲家后，被柳永哲用早已经准备好的锤子直接砸死。随后，柳永哲将其拖入洗浴间分尸，还把一部分放在冰箱中以供食用。其余部分则被柳永哲装在黑色塑料袋子中，等晚上乘坐出租车到郊区的古刹奉元寺后山掩埋。

（3）第七案（升级）

2004年3月24日夜，柳永哲先是通过电话将按摩女郎李恩星约到街上，然后拿出了自己准备的伪造的警察身份证明和手铐，对其说“我是被警方派来调查你们这些风尘女子的，请你上车和我走一趟”。然后将其带到住处，先用锤子砸死后分尸、食用，最后将尸体的剩余部分装在黑色塑料袋中掩埋在奉元寺的后山上。

如果遇到有司机问他大塑料袋里装的是什么时，柳永哲会说自己是屠夫，这是送到饭店的一点牛羊肉。

（4）第八案（继续）

2004年4月6日夜，柳永哲故技重演，先是通过电话将应召女郎李仁慧约到街上，以伪造的警察身份证明将其诱骗至家中杀害、分尸，最后掩埋。

（5）第九案

2004年4月18日，柳永哲沿用之前的犯罪手法，利用假身份证明将应召女郎金昌玉诱骗至家中，将其砸死、分尸、食用，最后掩埋。

（6）第十案

2004年5月3日，柳永哲继续沿用之前的犯罪手法，利用假身份证明将应召女郎朴灿明骗至家中，将其砸死、分尸，最后掩埋。

（7）第十一案

2004年5月10日，柳永哲第一次拨通了汉城冠岳区新林洞一家名叫“华天花丛”按摩院的电话，约见了服务小姐崔元华，将其诱骗到家中砸死、分尸，最后掩埋。

（8）第十二案（改变）

2004年5月26日，柳永哲第二次拨通了“华天花丛”按摩院的电话，约见了服务小姐李元艳。这次有所不同的是，柳永哲开车直接将其带到奉元寺后山上杀死，就地掩埋。

（9）第十三案（“自杀”）

2004年6月9日，柳永哲第三次拨通了“华天花丛”按摩院的电话。这家按摩院的老板对柳永哲的电话号码已经印象深刻，而且对前两名按摩女一去不回也非常疑惑，所以他选择了报警。这次，柳永哲在约定地点汉城老姑洞一家酒吧后的胡同里，等来了警察。警方随即控制了面无表情的柳永哲。

以上几起案件有两个基本特点：一是凶手针对的对象变为了社会底层的按摩女和性服务者。二是凶手的犯罪手法更加周密细致，出现固化和衰败（下面会进行具体分析）。

3. 案件后续

在接受警方调查时，柳永哲称自己就是“韩国最可怕的连环杀手”，还嘲笑警方对他无可奈何。然而，最让人感到无话可说的是柳永哲竟然以身体不舒服等理由，利用调查人员的疏忽，从他们眼皮子底下成功逃脱。对此，警方只能对全城进行严防死守，发出对他的通缉令。7月16日上午8：30左右，柳永哲出现在汉城车站时再次被捕。

在对其行为进行调查后，2004年7月18日，韩国警方对外宣称：“涉嫌杀害19人的连环杀手柳永哲已经被警方逮捕，他交代了自己作案的所有数目和细节。”7月29日，天下着大雨，警方带着柳永哲前往奉元寺后山指认现场。

到了奉元寺后山，柳永哲呆呆地看了看周围，随后口气异常平静地指向一处说：“就是这里。”警方立刻用黄色胶带把该块土地圈起来，插上编号。接着，这样的“圆圈”和“标记”越来越多，办事人员开始逐一挖掘，一股股令人作呕的恶臭气味扑鼻而来，支离破碎的尸体随处可见。警方一共挖出了八具女性尸体，其中只有一具是完整的。另外，在柳永哲家里，警方在冰箱里找到数块被煮过的人体组织，其衣柜中找到了他用于作案的工具。

十天后，柳永哲被移送到汉城中央地方检查厅。在这里，柳永哲一改当初在警察署无罪不担的狂妄姿态，反之以粗暴的语言，乃至沉默来反抗检察官问话。他对检察官说：“你们有何能力来管我的事情？不要妄想了，我什么都不会说。”同时，他还拒绝喝水吃饭，打算“以死抗争”。但是在较为完整的证据链面前，柳永哲最终不得不承认一切，包括他食用人肉的行为，他竟然称食用人肉可以长寿，对身体好，还可以提神。

2004年12月13日，汉城高级法院宣判至少杀害了19人的柳永哲死刑。但时至今日，这个恶魔依然存活于在江南区的监狱里，未能执行死刑。

二、犯罪心理简要分析

1. 凶手经历背景与案件脉络的一些联系

不知道大家有没有发现，本案柳永哲选择的犯罪对象和作案频率似乎有些不合常理。一方面，前四起案件针对富人阶层、老人，后面几起案件针对的是一些按摩女或服务小姐。另一方面，前四起案件和后面几起案件之间的冷却期竟有将近100天之久，前四起案件和后面几起案件之间，似乎被什么东西隔开一样。其中的原因，在于柳永哲的身世和经历。

20世纪70年代，柳永哲出生在汉城一个贫穷的小村子里。在家他排行老二，有个哥哥叫柳世平，母亲在临区的城乡接合部打一些零工，父亲帮人干一些吃力不讨好的重体力活。父母的收入实在很低，入不敷出，所以从他很小开始，全家就基本处于一种吃不饱饭的状况，兄弟两人是在饥饿中长大的。

从上初中开始，柳永哲养成了小偷小摸的习惯，这让他进过很多次少年管教所，特别是有一次，他偷同班同学的钱被当场抓住，差点被学校开除。由于柳永哲成绩较差，最终只上了当地一所"流氓集中"的高中。在这里，柳永哲的不良行为更多了，他学会了抢劫，学会了诈骗，由于性情怪异，偶尔还会和同学发生肢体冲突。从人际交往这点来看，可以说柳永哲从小到大唯一能说上话的，就是他的哥哥柳世平，哥哥对他很好，柳永哲有什么烦心事也会和柳世平诉说。

读完高中，柳永哲理所当然没有考上大学，他去了哥哥打工的地方——全城，找到了一份疏通下水管道的工作。在他外出打工一年后，他的父亲由于癫痫去世了。

1990年4月，柳永哲与一个名叫朴民珍的按摩女结婚，但是婚后的他没有任何改进，总是由于各种犯罪行为（如偷窃、抢劫等）入狱。1994年，35岁的柳世平也因为癫痫去世。家里的男性就剩下他一个了。

父亲和哥哥都因为癫痫去世，柳永哲内心升起一种"死亡即将到来"的恐惧。其实柳永哲并没有癫痫，绝大多数的癫痫是不会遗传的，但柳永哲由于长期的恐惧感与内在暗示，逐渐发展为一种妄想。

1995年，柳永哲因为精神问题进入汉城中心精神病疗养院疗养，在没有具体检查的情况下，只待了三个月，他就出院了。

2002年5月，柳永哲再次因为入室偷窃被捕入狱，当他在监狱里时，妻子朴民珍终于忍无可忍提出了离婚，儿子也不想有这么一个把坐牢当家常便饭的父亲。柳永哲对此非常愤怒，他认为妻子是因为嫌弃他一穷二白而离开他。

2003年9月11日，柳永哲结束了这次牢狱生活，他虽然恢复了自由身，但却感受到前所未有的凄凉——没有任何人来接他出狱，就连母亲也于一年前去世了。

世间再也没有亲人了。他的精神面临崩溃，思来想去，自己从小没有得到过高质量的教育，每天吃了上顿不见得有下顿，屡次入狱，父亲和哥哥的去世，被妻子“抛弃”，他将这种种悲剧通通归因于贫穷。他认为贫穷是他生活失败的根本原因。也正是因此，他决定向富人阶层实施报复。

他回到汉城江南区新寺洞租的房子里，策划接下来的一切，并在不到两个月的时间里就实施了前四起案件，杀人的快感让他无比满足。

在实施第四起案件后的12月，情况出现了一些转变——柳永哲恋爱了。这次和柳永哲交往的也是一名按摩师，名叫吴妍秀。爱情的力量让柳永哲的心起死回生，他搬了家，准备开始一段新生活，闲时喜欢陪着女友画画、赏花赏草，颇有些闲情雅致。

可惜，这段恋情最终未能圆满。在2004年1月，柳永哲向吴妍秀求婚时，对方因为他的犯罪前科和家庭的癫痫病史而拒绝了他。这让柳永哲有一种“两次被同一种女人抛弃”的感觉，他认为自己的爱情就葬送在这些女人手中，因此，冷却的邪恶之心再次膨胀。

他本想杀死前妻，但考虑到孩子所以没有下手；他也想杀死吴妍秀，但吴妍秀已经离开汉城不知去向。所以，他决定寻求报复的“代偿者”——风尘女子。他重新开始计划一切，对自己的计划充满信心。从2004年2月底开始，他肆无忌惮地对汉城的按摩女下手，四个月连犯八起命案，直到最后落网。

以上，作案对象和频率异常的问题，答案一目了然。

2.犯罪心理简要分析

（1）系列案件定性

以代替性报复式杀人作为基本手段，以寻求满足畸形报复杀戮欲望和畸形反社会内在为根本动机的连环杀人案。柳永哲的作案动机重点为愤怒、报复。

（2）犯罪心理成分分析

柳永哲犯罪心理主要成分=严重的反社会人格障碍+代偿式报复心理（愤怒）+连环杀手的畸形杀戮欲望+妄想。

（3）详细解释

a.严重的反社会人格障碍。

柳永哲的反社会人格障碍十分典型而且程度深。具体表现为：从小具有较多的品行缺陷行为（如偷窃、逃学、打架斗殴等）。目无规则和法律，包括在面对检察官时，蔑视法律的表现。深层惯犯结构，屡次入狱而丝毫没有悔改之心。缺乏移情，无法理解被害人的境遇，对被害人在其犯罪过程中遭受的痛苦完全缺乏兴趣。畸形的自负感，以一种不现实的、自以为是的方式面对讯问，似乎对有关部门缉拿也毫不畏惧，无比猖狂。

b.代偿和愤怒——报复、仇富心理。

柳永哲的愤怒有两个根源：一是由于自身悲惨遭遇，加上错误的归因机制，他将所有悲剧归因于贫穷，辅以反社会人格障碍，发展为极度的仇富心理，产生对富人阶层的仇恨。二是两次“被抛弃”的经历，让他对风尘女子这一群体产生了代偿愤怒。（柳永哲因对爱情的需求无法得到满足，产生严重的感情挫折，在这种状态下，他的犯罪心理结构进一步恶化，对诱发挫折的一方极为仇视，并诱发替代性攻击行为，将与情感对象具有相似特点的人群作为攻击行为的对象。）

c.妄想。

父亲和哥哥都因为癫痫去世，让柳永哲长期处在面临死亡的恐惧之中，并逐渐发展为一种妄想。那么这种妄想诱发的是什么呢？是食人行为。

食人行为是本案一个非常重要的标记行为。柳永哲在调查时数次供述食用人肉“可以长寿，对身体好”“非常享受”，还“可以提神”。

进一步的行为分析就是：柳永哲食人行为包含的犯罪心理原因=妄想+源自害怕被抛弃的占有欲+愤怒。

d.连环杀手的畸形杀戮欲望。

柳永哲成为一个连环杀手的原因之一是他想超越连环杀手郑英斗。

郑英斗是韩国连环杀手"榜上有名"的人物，他于1999年至2000年流窜于釜山、庆南、大田、天安等地作案，两年杀死9人，还有近20名重伤者。看到他的经历，柳永哲决心"超越他"，犯罪心理结构本已经畸形的柳永哲无疑向着连环杀手的目标又迈了一大步。

三、专题——固化、惯技、升级、衰退

简单地说，犯罪行为固化形成惯技，且会不断升级。一般来说，当一个犯罪人表现出固化的惯技行为时，也就意味着他已经具备了相当完备的犯罪能力。

就本案来说，有两次固化，两次衰退，分界线就在前四起案件和后八起案件中间。连环杀手在连环杀人的过程中会变得越来越自信，下手也会越来越有把握，行为会固化为惯技，可以反映出他们如何作案。通过分析惯技，我们可以串并案件，推测犯罪人自身特点，对潜在嫌疑人群进行筛选排除。犯罪行为可以固化为惯技，当然犯罪惯技也是会"退化"和"衰退"的。

本案当中针对富人阶层和风尘女子的犯罪行为分别有一次固化，结尾也有衰退。第一次衰退原因是外界情感介入，第二次衰退是源于作为连环杀手的柳永哲内在幻想枯竭，不然你很难相信一个如此偏有组织型、作案如此谨慎的连环杀手居然会做出三次拨通同一家按摩店电话这样的“自杀行为”，且第十二起案件手法也一改从前，变得更加直接。

8

终极偏有组织型杀手——泰德·邦迪案

泰德·邦迪，全名叫西奥多·罗伯特·邦迪，从20世纪90年代开始，他就是犯罪学家研究连环杀手最为典型的人物。如果在你的印象中，连环杀手的典型形象是电影中扛着电锯、面容狰狞的模样，那么本节将介绍的内容，会推翻你对连环杀手的认知。泰德·邦迪外表英俊，谈吐不凡，有幽默感，有一定的社会地位且受过较为高等的教育——他是公认的“高富帅”，从不缺乏外界的认同感。

他和极端性变态杀手安德烈·齐卡提洛一样，拥有残忍的犯罪手法，并且显示出较高的反侦查能力。

一、罪案全貌概述

1. 不幸的出生和幸福的童年

1946年11月24日，泰德 · 邦迪出生在美国东北部佛蒙特州伯灵顿市的一个非婚孕妇诊所。他的原名是西奥多 · 罗伯特 · 考威尔，和很多人的遭遇一样，从出生开始，泰德就压根不知道自己的父亲是谁。而他的母亲埃莉诺 · 露易丝 · 考威尔未婚先孕，更是被信仰新教的考威尔家族视为一件很羞耻的事。因此在生下泰德后，埃莉诺就将他像个“烫手的山芋”一样扔在了孤儿所，然后独自回了家乡——费城。

埃莉诺回到费城后，经过几个月的思考，埃莉诺的父亲山姆 · 考威尔决定以养父的身份收养泰德，这也就意味着，泰德的母亲变成了他的姐姐，而泰德的外祖父变成了他的父亲。

1952年，埃莉诺和泰德搬到了华盛顿，和其他亲戚住在一起。这时，埃莉诺认识了约翰尼 · 卡尔佩波 · 邦迪。约翰尼是一个厨师，两人在恋爱一年后结婚，因此泰德也改名为西奥多 · 罗伯特 · 邦迪，这也成为以后媒体和卷宗记载的正式名称。

泰德的童年相比其他连环杀手来说要平静而幸福得多，在费城的几年，外祖父是一个教堂执事，虽然对待别人，外祖父的脾气非常火暴，但在家非常溺爱泰德，凡事都护着他。舅舅教他熟悉各种各样的乐器，而在来到华盛顿之后，母亲和继父虽然又生了三个孩子，但继父是个老实巴交的好人，对几个孩子都充满耐心和关爱，没有厚此薄彼，母亲则由于他是长子，所以格外关照他。

仅从家庭环境来说，除去伦理家庭关系显得有点不寻常外，泰德生长在一个充满了爱和关怀的环境中，和几个兄弟姐妹相处得也很愉快。

2.恶意悄然萌动的中学时代

读初中的时候，泰德在学校里表现很好，但是他出现了一些小偷小摸的行为。据他所言，一开始他是偷一些小物件，后来发展到偷钱包、信用卡等值钱的东西。然而，似乎是因为泰德实在太过狡猾，他的这些偷窃行为几乎没有被人发现过，所以泰德的初中同学对他的评价一律都是很高的，大家都认为他是一个很阳光、很聪明、成绩很好、很受欢迎的孩子。

上了高中，进入青春期的泰德发生了更多的变化。他盗窃的频率越来越高，开始盗窃名牌衣服、奢侈品，这些让他看上去光彩照人。而他的心里，一些更加邪恶的东西开始加速发展。这两方面的变化，让泰德变得有些沉默而内向。他的初中好友麦克·罗切尔也认为泰德上了高中后变得“沉默寡言”，不像初中时那么讨人喜欢了。

虽然说泰德相对初中时期显得沉默了很多，但在旁人看来他还是一个“很普通”的人——虽然没多少人喜欢他，但也没人犯得着讨厌他。

3.爱情的味道——大学时代

1965年，泰德高中毕业了，他考入了普吉特海湾大学学中文，泰德说大学的第一年“十分无聊”，每天就是上课和各种各样的讲座。由于离家近，所以泰德没有住校，他母亲对他的评价是“成绩很好，但是没有什么社交，每天就是上学，回家吃饭，睡觉，再上学”。

但是，长相出众的泰德的大学生活并没有一直这么无聊下去。1966年，泰德在一次跨校联合活动中认识了一个就读于华盛顿大学的学姐斯蒂芬妮·布鲁克斯。她出身高贵，身材高挑，气质非凡，第一次见面就迷得泰德面红耳赤，她成了泰德暗恋的对象。

几周后，泰德见斯蒂芬妮开车要去滑雪场，就提出能不能蹭个车一起去，就这样在旅途和滑雪的过程中，泰德展现了他高超的聊天技巧，斯蒂芬妮被这个长得帅气、身材高大且谈吐幽默的男生打动了，两人迅速发展为情侣关系。大二时，泰德申请转校到了华盛顿大学，在那里他和斯蒂芬妮的关系更密切了，而且他的中文成绩也很优异。

1967年，斯蒂芬妮从华盛顿大学毕业了，因为父母很不喜欢泰德的家庭条件，自己也对泰德有点厌烦了，所以斯蒂芬妮以要回旧金山为由想甩掉泰德。但是泰德表示自己申请了旧金山斯坦福大学的学习课程，最终斯蒂芬妮不得不让他跟去。

然而，到旧金山后不到一个月，泰德还是被甩了。泰德承认，和斯蒂芬妮分手后的一段时间，他一直在干一些戳爆女同学汽车轮胎这样的事，他开始频繁地想象一些很危险的行为。

后来，泰德回到了华盛顿大学继续上学，但是12月中旬他提交了一份休学申请，理由是自己无法静下心来学习。随后，他开始了环美旅行，直到1968年4月才回到学校。回到学校后，他租了一个小公寓，并告诉母亲自己不会经常回家，一个人住会有利于学习。

这段时间泰德已经变成了一个惯偷，他偷衣服、偷银行卡、偷车，甚至连他公寓里的很多电器都是偷来的，比如电视机是他直接进入别人家的仓库偷来的。当他没钱时，他就会在晚上钻进某个事先看好的海边别墅里偷些值钱的东西。

之后，泰德在朋友的介绍下，找到了一份兼职工作——在当地共和党选举办事处处理一些日常事务。这个工作让对政治很感兴趣的泰德非常满意，他对工作很投入，同时也很满意这份工作带给他的一些“福利”，比如随意进出一些高档场所等。

因为办事很用心，办事处的头号政客弗莱切给予了泰德很高的评价，认为他“聪明、能干、一丝不苟、好学”。但好景不长，弗莱切在竞选中失败了，所以最后泰德失去了这份工作。在这之后，泰德选择的兼职主要是在商场销售服装（尤其是女性服装），据服装店职员回忆，泰德具有“将任何东西卖给女人”的能力。

虽然这个时候泰德已经和斯蒂芬妮分手了，但是泰德还坚持给她发邮件和打电话问候，而斯蒂芬妮也经常回应泰德的关心。

有一次，泰德在酒吧里遇到了一个名叫丽姿 · 肯德尔的女子。她比泰德大3岁，刚离婚，长相迷人，有一个1岁的女儿。在她面前，泰德滔滔不绝地展现了自己的口才和幽默感，刚从一段感情中受伤的丽姿很快被他迷住了，丽姿回忆两人的第一次见面时表示：“我当时就在想我们的婚礼和孩子的事情了。”

顺理成章，两人恋爱了，而泰德在完成中文学习课程后又申请了心理学的学习课程。当时，教泰德心理学的教授史密斯 · 莱克曼对他的评价是：“邦迪先生毫无疑问是我们学院里最优秀的毕业生之一。我认为他是我在华盛顿大学见过的最优秀的百里挑一的毕业生。他聪明、能干、积极、认真，更像是一名教授而不是学生。他好学，好相处，也会努力工作……他对影响法庭判决的心理学变量最有研究。我们目前在合作研究，通过实验来判断法庭判决中的心理学影响。”

1972年，泰德在顺利获得了心理学学位后开始申请法学院，但是他没有通过LSAT（法学院入学考试）。这次失败，使得泰德再次投身政治，他通过了州共和党的面试，进入了州共和党中央委员会，成了政界的一大热门人物。当然，没人知道他那些穿不完的名牌衣服全是偷来的。

一年后，泰德重新申请法学院，经过他的竭力游说，犹他州法学院接收了他。这个时候的泰德，可以说是走向了人生巅峰，政界新星、顺利拿到了两项专业学位证书、进入了法学院，一时间前途无量。

那么这个时候，他会做什么呢？他决定去找斯蒂芬妮。这次，他以一个“成功者”的姿态去拜访斯蒂芬妮，并再次表达了对她的爱意，两人重新坠入爱河。

泰德一面和斯蒂芬妮重温着过去的温柔，一面许诺着丽姿长远的未来。一段时间后，斯蒂芬妮发现泰德对自己的态度非常冷漠，询问后泰德坦白自己还有一个女人，并且很爱她，还和她已经有了个女儿，所以打算和斯蒂芬妮分手。斯蒂芬妮这才回过神，这是泰德对自己的报复，就像当初自己抛弃他一样，在绝望和悲痛中她回到了家。

实际上，她或许不知道，真正的报复，还没有开始。

4. 杀戮

本案具体死亡人数不详，粗略记载在36人到75人。警方卷宗记载被害人数为30人，其中华盛顿州已确认被害人数为10人，俄勒冈州已确认被害人数为1人，犹他州已确认被害人数为7人，科罗拉多州已确认被害人数为5人，佛罗里达州已确认被害人数为6人，爱达荷州已确认被害人数为1人。

由于被害人数众多且部分案件资料模糊无法查证，故本书选择10个能够体现整宗连环杀人案发展逻辑和具有代表意义的案件加以梳理。

（1）第一案（幸存者）

1974年1月4日，18岁的凯伦·斯帕克斯被暴力致伤于华盛顿大学一女生公寓里。她早上没有起床，室友以为她睡着了，去叫她的时候发现她躺在床上一动不动，床上有大面积血迹。报警后，警方勘查现场情况如下：床底下有一把沾满血迹的铁棍，可以确认是致伤工具；伤者下体插入异物，且有被性侵的迹象；窗墙边沿有多处新鲜的蹭擦痕迹；现场没有留下指纹、血足迹等物证。

可以确认泰德首次作案时为入室行凶，从外部翻入室内，朝被害人头上挥棒将其直接击昏，实施性侵后从窗台离开，戴手套作案，没有留下确认性物证。

被害人脑部受到严重的永久性伤害，虽然最终苏醒，但记不起任何事情。

（2）第二案

1974年1月31日，华盛顿大学心理系学生，21岁的琳达·海丽失踪。警方通过对其房间的搜查，确认其房间是第一犯罪现场。枕头上浸有大量血迹，床上其他地方有多处血迹，被一套新床单遮住；在壁橱后面找到了琳达的睡衣，上面沾有血迹；衣柜被翻得很乱。

可以确认泰德第二次作案为入室后先将被害人击昏，随后附加了对现场的清理，最后带走了被害人。给床铺上了新床单掩盖血迹以求推迟报警时间，标记行为是在衣橱中找了衣服帮被害人换上，然后将其带离现场。一年后，1975年3月，琳达的头盖骨在泰勒山上被发现。

事后确认：泰德将死者带回家后，先用钝器打死，再将被害人的头部割下并抛尸。

（3）第三案

1974年5月6日，俄勒冈州立大学22岁的罗伯特·凯萨琳·帕克思在晚上9点左右去咖啡厅的途中消失，没有任何目击者。一年后，1975年3月，凯萨琳的头盖骨在泰勒山上被发现。

事后确认：泰德以寻求其帮助为由骗其搬东西上车，在将东西搬上车的瞬间将其击晕，带到住处实施性侵和暴力殴打虐待，最后勒死，奸尸。泰德将被害人的头部割下并抛尸。

（4）第四案

1974年6月11日，华盛顿大学20岁的乔治安娜·霍金斯在晚上去拜访好友的途中失踪。当时乔治安娜在路上有其他同学陪同，她们在距离目的地仅仅一两百米的位置才分开，没想到转眼她就消失了。直到泰德最后落网，警方才根据其口供找到了乔治安娜的遗骸。

事后确认：泰德早就盯上了乔治安娜，他晚上将车停在其活动范围周围那些黑暗的地方，在车旁放有铁棍和手铐等工具，然后假装自己是个断了腿的人，拄着拐杖一瘸一拐地找乔治安娜帮忙搬书。利用搬书这个过程，泰德和乔治安娜进行着自己早已准备好的那些足够友好而精彩的对话内容，而当乔治安娜把书放到后座上的瞬间，泰德将其击昏，然后用手铐铐住她，把她扔在后座，带到了郊外。在郊外，泰德先是暴力殴打、性侵了乔治安娜，之后将其勒死，奸尸，最后把尸体扔到灌木丛中。两天后，泰德重新回到犯罪现场，他再次奸尸，然后将其头颅割下、掩埋。

泰德开始连环杀人，那么他当时的生活处境如何呢？要知道，很多连环杀手开始杀人后，其现实生活状态会受到影响，甚至带来失业等实质性损害。但泰德没有。泰德一边学习着法学课程，一边在政府部门担任要职。在服务管理部门，泰德可以说是备受瞩目——女同事们很欣赏他的风趣优雅，男同事们很羡慕他的政界关系和丰富的学识。

是的，他是一个迷人的人，一个智识卓越的人，一个象征中产阶级努力拼搏的人，他看上去和恶魔不会有半点关系——他，就是“我们”中的一员。

当时，他已经至少杀了7个人，但一切还在继续。

（5）第五案

1974年7月14日，22岁的丹妮丝·玛丽·纳丝露德和男朋友坎里在公园约会，其间丹妮丝去上了趟厕所，一去不归。直到泰德最后落网，警方才根据其口供找到了丹妮丝的遗骸。

事后确认：泰德事先将手臂伪装成受重伤的样子，寻求他人帮助，最后丹妮丝答应帮他搬东西。在将丹妮丝骗到公园偏僻角落时，泰德将其击晕，带到郊外后对其进行长时间的殴打，最后将其勒死，奸尸，割下头颅后，将尸体掩埋。泰德还坦白，自己在女友丽姿·肯德尔家的壁炉中烧毁了丹妮丝的头颅。

（6）第六案

1974年10月18日，19岁的梅丽莎·安娜·史密斯在放学回家途中失踪，她的父亲是一名警察，唯一的线索是有朋友看见她搭了一辆甲壳虫汽车。8天后，梅丽莎的尸体在住宅附近被发现，经勘查，梅丽莎最终的死因为机械性窒息；尸体发现地点不是第一案发地点，而是抛尸地点；死者头部受损，为钝器砸击所致，另外，肩部、腰部、腿部均有瘀青，死者遭遇过不少于三小时的暴力殴打；死者曾遭受暴力性侵，下体被插入异物；死者妆容不乱，穿着完整；死者背部有凶手留下的两个单词“规则”和“法律”。

事后确认：泰德和梅丽莎有过一面之交，当夜便以让其搭顺风车为由将其骗上车，途中用铁棍击打其头部将其制伏，然后带到家中对其进行殴打、关押、性侵，随后将其勒死。在她死后，泰德帮她洗澡和化妆，并进行了奸尸，最后在其背部写上单词，阴部插入异物后抛尸于其住宅附近。

（7）第七案

1974年10月31日，21岁的劳拉·安·纳米在参加一个午夜派对期间失踪，据当夜参加派对的朋友介绍，劳拉是派对期间出去买烟的过程中失踪的。值得一提的是，劳拉的父亲是一名前法官。

1974年11月24日，劳拉的尸体在住宅附近的路边被发现。经勘查，劳拉最终的死因为机械性窒息；尸体发现地点不是第一案发地点，而是抛尸地点；死者头部受损，为钝器砸击所致，另外，身体上有多处瘀青，死者遭遇过不少于四小时的暴力殴打；死者下体被严重破坏；死者妆容不乱，穿着完整；死者手上有凶手留下的两个单词“规则”和“法律”。

事后确认：泰德以顺路为由让劳拉搭顺风车，将其按照梅丽莎案的手法杀害，区别在于这次的囚禁时间更长了，且对死者生殖器的破坏由异物插入转变为直接破坏，暴力程度提高了，同时将写单词作为一种标记行为保留了下来。

（8）第八案（幸存者）

1974年11月8日，泰德假装成警察，在中心商场附近通过出示伪造的警徽哄骗24岁的卡罗·德洛克上车，说有一个案件要请她协助调查。待卡罗坐上车后，泰德立刻凶相毕露，他拿出手铐一下铐住卡罗，随即拿出一根铁棍打向卡罗。卡罗立刻躲开了，大叫着开门跳车，很幸运的是，她上车的时候门没有关严实，以至于很容易就打开了车门，她大声尖叫着逃跑。由于现场人太多，泰德只能放弃这个目标，驾车逃离。

顺便介绍一下，卡罗·德洛克的父亲切利希·德洛克是盐湖城警员。这起案件引起了警方的高度重视，而纷至沓来的外界线索都指向了一辆神秘的甲壳虫汽车。

短短10个月内，泰德犯下了至少17起谋杀案，警方在这段时间里已经完成串并，将此案作为一宗重大系列案件调查。FBI最初勾勒的嫌疑人大名单里有3147人，泰德就在其中，但是随后的画像出现了问题，警方把调查重心放在了有精神病史和性犯罪史的嫌疑人群体上，以至于泰德又从调查名单里消失了。

1975年8月16日夜，犹他州高速公路上的一名巡逻警察发现一辆甲壳虫汽车一直在周围转悠，来来回回很多趟了，所以警察让他停车并进行了询问。泰德说自己刚看完电影，迷路了，但是这周围根本没有电影院，疑惑的警察查看了汽车内部，发现了一副手铐、一个面具和一段绳索。甲壳虫汽车、手铐，这些发现让警方很惊喜。

因为手铐的型号被确认和卡罗·德洛克当时手上的型号完全一致，而且据证人证言，泰德只是换了个发型，当初行凶未遂的就是他，因此泰德和多起凶杀案被联系在了一起。

于是，法庭在1976年2月开始审理泰德的绑架未遂案。6月30日，泰德被定罪，被判处15年监禁，在服刑期间，他又被起诉谋杀。

后来，由于犹他州州立监狱当时允许犯人去监狱的书房学习，泰德从书房找到了一个偏房中的小窗户，并越狱成功。逃出监狱后，泰德跑到了附近的山里，躲了一周后，他偷了一辆车，但在驾驶到旁边的阿斯彭市时被警方抓到了。这次被抓后，泰德直接被起诉谋杀和越狱，而且相比上次，警方加大了对他的看管力度，给他上了不可离身的手铐脚链。

这次，泰德看到了牢房天花板上的一个通风小洞。他在八个月的时间内，体重减了接近40斤。在1977年12月30日夜里，他在被子里放满书籍等物品，让人从外面看时，误以为他在睡觉。接着，他从天花板隔层再次逃跑了。

泰德逃跑后没有跑进山里，他化了装，然后直接去了机场，并用早就准备好的伪造身份证明坐飞机去了佛罗里达州。为何去佛罗里达州呢？我们后面解释。在警方反应过来泰德逃跑的时候，泰德已经下了飞机，他去了一个管理混乱的公寓区租了个房间，靠偷东西为生。

（9）第九案

1978年1月28日，泰德手持钢棍潜入佛罗里达州立大学的一个女生公寓，他进入一个又一个房间，砸击已经睡着的女大学生的头部。这一夜很疯狂，他连杀了7人，其中有的女孩还遭遇了虐待。

这个时候的泰德已经发生了一些转化，如果说这是他越狱后的“复出”，那么历来谨慎小心的泰德用这样毫不掩饰的手法作案，这就等同于是在“自杀”。泰德从一个偏有组织型杀手变成了像理查德·雷瓦·拉米雷斯那样的偏无组织型杀手，至于原因，稍后解释。

（10）第十案

1978年2月5日，21岁的女大学生谢丽尔·托马斯在夜间从朋友家回家途中经过一条小区巷道时被人袭击，当场死亡。

尸体没有被移动，经警方勘查，谢丽尔的死因是重度颅脑损伤，为钝器砸击所致；死者下体严重撕裂，遭遇奸尸；死者遭遇死后虐打。

事后确认：泰德当夜一路跟踪谢丽尔，到小巷时想将其打晕，不料直接将被害人打死了，随后泰德对尸体进行了虐打和奸尸。

这是警方记录的最后一个被害人。

1978年2月23日，警方在调查一起汽车失窃案时发现了泰德的踪迹。当时，泰德正在偷来的车里睡觉，警方敲窗时他立刻下车逃跑，巡警开枪打中了他的腿，随即将他逮捕。被捕后的泰德非常傲慢，他没有给自己找律师并始终坚持为自己辩护，他非常相信自己将会被无罪释放。

对泰德的审讯是非常艰难的，泰德十分鄙视警方和法庭，拒绝配合。在漫长的审讯工作中，泰德唯一积极配合的就是帮助分析一个正在疯狂杀人的连环杀手——绿河杀手，泰德十分鄙视他，认为他的手法很低级，只敢对失足妇女下手。泰德对其他杀手感到很不屑。

最终给泰德定罪的，是两个关键物证。第一个是佛罗里达州立大学杀人案中尸体上的牙印。齿痕专家们证明，留在佛罗里达州立大学杀人案被害人身上的牙印是非常独特的，经过鉴定，它们只可能属于泰德。

第二个是谢丽尔案中的精液。在谢丽尔 · 托马斯被害案中，泰德对其实施了奸尸行为，留下了精液物证。最终，泰德被判有罪，涉嫌三起一级谋杀、两起未遂一级谋杀以及两起入室盗窃，被判处死刑。

1989年1月24日，泰德的生命走到了尽头。恶魔终将堕入地狱，只愿无辜死难者安息。

二、犯罪心理简要分析

1.犯罪心理成分分析

泰德 · 邦迪的犯罪心理成分=极端的性欲倒错障碍+以发泄内在愤怒感和满足变态控制欲为目的的代偿心理+反社会人格障碍+连环杀手的畸形杀戮欲望。

2.“典型的”连环杀手

连环杀手为了满足欲望而不择手段，将杀戮仪式和生存机制相结合，将杀人转化为一种内在精神刺激。此处强调以下两点。

（1）幻想

性变态连环杀手的幻想隐藏得很深，而据泰德所言，做教堂执事的外祖父经常没收一些色情书，这或许是泰德性幻想的起源。上高中后的泰德更是痴迷于一些性暴力的书，这些是他畸形幻想生长的土壤。

很多人都认为"连环杀手的杀戮，本质上是对自己所遭受虐待和不平的自卫反应"，这种说法对吗？

笔者的答案是否定的，并不是所有连环杀手的童年都很凄惨。就像本案中，泰德虽然是私生子，但是他家庭稳定，母亲和继父都很爱他，从自卫反应的机制来看，没有道理产生如此巨大的愤怒，以至于杀害数十人。相比这种想法，笔者的观点是"连环杀手的杀戮，本质在于内在暴力幻想的不断生长"。

每个人都会有幻想，做白日梦也是一种幻想，而具有侵略性的幻想本质上是为了降低自己的痛苦，但触发这种幻想的不一定就是虐待，论其成因很复杂，是一套综合的理论。如果这种侵略性的幻想持续发展，会演化为暴力性的幻想，幻想者可以从其中间接获得一部分"预演式"快感。如果这种类型的幻想伴随了色情成分，幻想就会将暴力和性两种成分结合，而这种邪恶诡异的幻想世界，没人会知道，没人能洞察到。

如果要说我们正常人的"白日梦"式幻想和连环杀手的幻想有何区别，区别就是正常人的幻想，无论是平静的还是暴力的，幻想仅仅只会是幻想，而连环杀手的幻想，受到畸形控制机理的催动会不断发展，不断刺激其折射于现实中的强大欲望，它会不断发展，不断深入，渐渐成为未来行为的预演。

泰德的内在幻想急剧发展的两个阶段分别在高中阶段（侵略性幻想和性结合）以及上大学时与斯蒂芬妮分手后的休学阶段，主动寻求大把的独处时间。正是孤独，让他有大把时间发展、进化、深思自己的幻想。

（2）犯罪手法的暴力程度持续升级

以上文中叙述的十个案件为代表，可以看出一个发展轨迹：

钝器砸死、异物插入、幸存者（第一案）（室内）；

↓

绑架、钝器砸死、割头、抛尸（第二案）（室内）；

↓

“巧妙”绑架、殴打、勒死、奸尸、割头、抛尸（第三案）(室内)；

↓

“巧妙”绑架、殴打、勒死、奸尸、割头、抛尸（第四案）(室外)；

↓

……

也就是说，泰德的犯罪手法有两个转变：更加残忍而自信，并且更加谨慎。从第一次谋杀开始，幻想、意念、孤独，每一分钟都促使着他开始行动，将幻想变为实际。而第一次谋杀不仅仅是“好玩”的经历，还是最危险、最惊悚的经验。

一般对于非反社会人格障碍型连环杀手而言，起初他们会陷入心理和法律的双重怀疑，而不会感受到身体上的劳累，因而他们会有一种身心分离的奇特感受。从另一种角度讲，杀死第一个被害人的时候，凶手也杀死了一部分自己，成了另一个人，决绝地把自己和普通人连接的纽带剪断了。

凶手的第二次杀戮会变得很主动，还会像第一次一样不够专注，但是他会更加客观地看待杀戮——感觉自己更加“全能”，仿佛有一种统揽全局的视野。

以后的案件中，凶手往往会更加自信而且具有完美主义倾向，暴力程度指数级飙升。这是一种自我证明，人性泯灭的一种质变，也是对杀戮快感这种虚无主义上瘾的开端。

附：连环杀手的特征

偏无组织型连环杀手（三重乐章）：

游离—幻想—先兆（机遇）阶段→施捕—狩猎—跟踪阶段→杀戮（闪电袭击）。

偏有组织型连环杀手（七重乐章）：

游离—幻想—先兆（机遇）阶段→施捕—狩猎—跟踪阶段→说服—诱骗阶段（诱骗的关键在于让被害人进入一个连环杀手可以控制的环境，不满足于简单的杀戮，他们的幻想需要复杂的仪式）→俘虏束缚阶段→杀戮（按自我意识去杀戮）→图腾—战利品—回忆阶段（回忆品用于在谋杀间歇期内对快感进行回忆，作案频率高、数目大的连环杀手不容易出现）→沮丧阶段（失落虚无，意识游离）。

3. 以发泄内在愤怒感和满足变态控制欲为目的的代偿心理

泰德选择的代偿主体，到底是谁？其实就是斯蒂芬妮，我们可以说斯蒂芬妮满足了泰德对于美好女性的所有要求，而斯蒂芬妮的抛弃让泰德本就沉浸于邪恶幻想中的大脑有了代偿式报复的欲求，而泰德的报复是尝试性的。

何为尝试性？泰德首先刻意地结交新女友，然后以成功者的姿态回到斯蒂芬妮的生活中，最后再将其抛弃，这是泰德的尝试性报复。但是他很快发现这样做以后自己没有任何快感，所以他需要的是一种更加符合他内在幻想折射的“报复”手段，也就是连环杀手的代偿式泄愤。于是在抛弃斯蒂芬妮后，他立刻以斯蒂芬妮为代偿主体，寻找符合其特质的女性：长发、中分，白种人，长相漂亮，家庭条件优越。

笔者在前文中说过，这种代偿式泄愤的终极目标，就是代偿主体本人，我们有理由给出前面问题的答案——为何泰德会出现从偏有组织型连环杀手到偏无组织型连环杀手的转变？原因就是第二次越狱后，泰德已经意识到这次获得自由，他必须杀掉斯蒂芬妮，不然就没机会了，因此他直接飞到了斯蒂芬妮的老家佛罗里达州，在那里找了她20多天之久，也迟迟没能找到。其实此时，斯蒂芬妮已经和家人移居纽约，换句话说，代偿主体“消失”了。这对于泰德而言是让人崩溃的，无异于之前的所有都付诸东流，于是在这种内在的巨大挫败感之下，泰德转变为了一个偏无组织型连环杀手。他开始疯狂、草率地杀人，就好像希望警察能早点抓到自己一样，好比一只无头苍蝇一样到处乱撞，而这也恰好意味着泰德进入了“枯竭”阶段。

4. 反社会人格障碍

泰德·邦迪的反社会人格障碍程度不算非常严重，但是在系列案件心理机制中起到了很关键的作用，主要表现在青春期前的品德缺失，如屡次盗窃等行为，以及泰德内心极度鄙视规则和法律。一方面，在中期案件里，泰德的犯罪手法升级为对警方、司法人员家属的杀害，并赋予被害人“规则”“法律”等意义，这种升级不仅仅是因为他更加自信而猖狂，还因为在升级中体现了内在反社会障碍无视规则的诉求。另一方面，他对于司法部门的嘲讽、蔑视和不配合，实质上也是对于规则的不臣服。

5. 极端的性欲倒错障碍

泰德·邦迪的性欲倒错障碍基本组成=严重的性施虐障碍+窥阴癖+恋尸癖。

（1）严重的性施虐障碍

在本案中，泰德的行为属于比较严重的性施虐障碍，在勒死被害人之前，泰德一个关键的犯罪惯技就是暴力殴打、虐待被害人。在被害人死亡后，对被害人阴部的异物插入和破坏也是极端性施虐障碍的标志。

（2）窥阴癖

窥阴癖，也被称为窥阴障碍，有窥阴癖的人通过窥视一个毫不知情的人的裸体、脱衣过程或所进行的性活动从而产生反复而强烈的性唤起，表现为性幻想、性冲动或性行为，关键的判定点在于个体必须有明显痛苦的体验或者实际偷窥的行为。

DSM–5对窥阴癖的鉴定标准包含以下两项：第一，至少在六个月内，通过窥视一个毫不知情的人的裸体、脱衣过程或所进行的性活动产生反复强烈的快感。第二，个体将其性冲动实施于未经允许的人身上，或导致社交、职业或其他重要功能的损害。

据泰德所言，在高中的时候，有一天他在路上散步时看到某一家没关窗，里面有一个裸体的女人，从那个时候开始，他就爱上了偷窥别人家的窗户。这种需求非常强烈，偷窥一直是他生活中的一部分，他甚至有一个专门的日程表来安排自己的偷窥活动。

（3）恋尸癖

泰德·邦迪的恋尸癖，一部分原因是其对内在控制欲的不满足，另一部分原因是他就是喜欢尸体，尸体可以在很大程度上满足他的变态性需求。

所谓寻求控制欲，在他身上有一种支配其性交对象的强烈欲望，这种欲望的满足在其变态性满足中占据了十分重要的地位。就像泰德在1989年的供词里所说的："杀死她们不光是为了暴力的需求，也是一种占有，当看到她们身上最后一缕呼吸离体的时候，就感觉她们成了自己的一部分。”“看着她们绝望的眼神，就觉得自己是一个神。”

对他而言，占有欲和控制欲，也是重要的需求。就连平时和女友进行性活动时，泰德也要求她们必须“像死人那样一动不动”，由此可以看出，冰冷而一动不动的尸体，在泰德眼里才是最佳的性伴侣。

6. 两个行为分析小结

（1）勒杀行为

用手和绳子勒杀都是通过压迫颈部动脉以限制被害人脑部血氧供应，一些犯罪人这样做可以使得被害人间断地丧失和恢复知觉，以从被害人间歇的痛苦反应中获得变态的性满足，这种犯罪人基本可以确定是性施虐障碍个体。而另一些犯罪人这样做并非为了犯罪，而是出于征服、控制、报复性泄愤等原因。

（2）咬人

在本案很多个案中（部分未罗列介绍），泰德有咬被害人的行为，犯罪人对被害人的撕咬行为，会形成两种基本的有行为分析意义的咬痕（或然）。一是满足性快感，会形成瘀斑或吮痕（较复杂）；二是满足泄愤型、虐待型快感，会形成深陷式咬痕（本案）。

9

约克郡三角连环杀人案揭秘——潜性代偿杀戮原理

说到英国的连环杀人案，最耳熟能详的莫过于发生在伦敦东区的白教堂血案，而作恶者“开膛手杰克”，更可能是有史以来最臭名昭著的连环杀手。以笔者个人的观点，白教堂血案可以被视为20世纪连环杀手的“开端之作”，这种泄愤意味明显的杀人手法甚至蔓延到很多其他欧洲国家，出现了“法国开膛手”“葡萄牙开膛手”等连环杀手。FBI在2010年给出的《对世界各国系列犯罪统计报告》中显示，20世纪后欧洲大陆所出现的被官方冠以“开膛手”名号的杀手较19世纪增加了17.6%，足以看出其影响力，而我们今天要揭秘的，是一宗20世纪70年代发生在约克郡附近的连环杀人案，笔者倾向于称之为“约克郡三角连环杀人案”。足以让整个英国北部城市的女性夜间不敢出门的他，到底是谁？

一、罪案全貌概述

1. 被害人数及死亡人数

被害人共有13人。

2. 作案地点

以莱斯特、利兹、曼彻斯特东北部组成的“约克郡三角区域”（图2-1）。

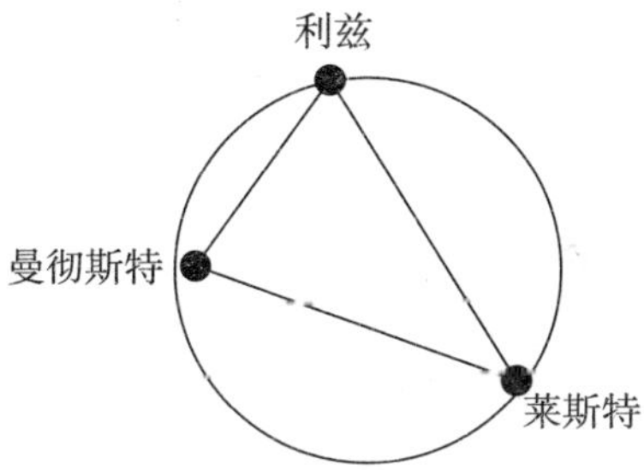

图2-1　约克郡三角区域

3. 基本脉络

（1）第一案：安娜·洛克丝案

地点：利兹东南区小路。

1974年12月9日，31岁的站街女安娜·洛克丝在午夜回家途中被人从身后扑倒，凶手试图将其掐死，但因安娜拿出了包里的小刀剧烈反抗，割伤了行凶者，便乘机跑到了大街上得以逃脱，她及时将被袭的遭遇告知了警署。

（2）第二案：魏玛·麦克凯恩案

地点：利兹南部红灯区小巷。

1975年10月30日，站街女魏玛·麦克凯恩在外出接客过程中被杀害，尸体在清晨被发现。经过警方现场调查，主要有以下信息：死者的尸体没有被移动过，小巷是第一犯罪现场；死者死于遭遇头部的连续重击造成的头部粉碎性骨折和颅内出血；死者伤口位于额头上方，系遭遇凶手正面砸击；死者生前没有被性侵犯的迹象，但阴道内有少量精液。

（3）第三案：艾琳·理查斯案

地点：利兹北部。

1977年2月，舞女艾琳·理查斯在参加完一个晚会后的回家途中遭遇不测，尸体在两天后被发现。经过警方调查，主要有以下信息：死者的尸体没有被移动过，尸体所处的小路是第一犯罪现场；死者死于遭遇头部的连续重击造成的头部粉碎性骨折和颅内出血；死者伤口位于额头上方，系遭遇凶手正面砸击；死者没有被性侵犯的迹象。总的来说，和第二案的现场情况大同小异。

（4）第四案：帕楚西娅·阿特金森案

地点：曼彻斯特。

1977年4月，站街女帕楚西娅·阿特金森在外出接客过程中遭人杀害，尸体在第二天被人发现。经过警方调查，主要有以下信息：死者的尸体没有被移动过，尸体所处的小路是第一犯罪现场；死者死于遭遇头部的连续重击造成的头部粉碎性骨折和颅内出血；死者伤口位于额头上方，系遭遇凶手正面砸击；死者没有被性侵犯的迹象；死者身上出现一些死后伤，疑似死后遭遇凶手虐打，拳打脚踢所致。

（5）第五案：珍妮·乔丹案

地点：曼彻斯特西南地带。

1977年10月，珍妮·乔丹于傍晚7点左右去朋友家的途中被杀害，约一个小时后，人们就发现尸体并报了警。经过警方调查，主要有以下信息：死者的尸体没有被移动过，尸体所处的地点是第一犯罪现场；死者死于遭遇头部的连续重击造成的头部粉碎性骨折和颅内出血；死者伤口位于额头上方，系遭遇凶手正面砸击；死者没有被性侵犯的迹象；死者身上出现更多更残忍的死后伤，这次除了第四案中的殴打伤外，死者的胸部和腹部还受到严重的利器刺伤，伤口凌乱而下手力度大，部分深至可见肋骨。

（6）第六案：海伦·莱特里案

地点：莱斯特西部。

1978年1月，站街女海伦·莱特里在晚上外出接客的过程中被人杀害，尸体在当夜被人发现。经过警方调查，主要有以下信息：死者的尸体被拖曳到小街道路口，第一案发现场位于街道中段；死者死于遭遇头部的连续重击造成的头部粉碎性骨折和颅内出血；死者伤口位于额头上方，系遭遇凶手正面砸击；死者没有被性侵犯的迹象；死者身上的死后伤再次增加，凶手反复破坏尸体，使其支离破碎。

（7）第七案：薇拉·米尔沃德案

地点：莱斯特东北部。

1978年5月，站街女薇拉·米尔沃德在晚上10点半左右在回家途中被人杀害，尸体于当夜被人发现。经过警方调查，主要有以下信息：死者尸体被发现的地点离一个商业区不远，尸体没有被拖曳的迹象；死者死于遭遇头部的连续重击造成的头部粉碎性骨折和颅内出血；死者伤口位于额头后方，系凶手从背后袭击；死者没有被性侵犯的迹象，但是阴道里有少量精液；死者身上的死后伤依旧，且小腿几乎被砍下。

（8）第八案：芭芭拉·里奇案

地点：与利兹相邻的布拉德福德。

1979年9月，站街女芭芭拉·里奇在午间外出接客的途中被人杀害，尸体在两小时后被人发现。经过警方调查，主要有以下信息：死者尸体被发现的地点是距离布拉德福德市政厅大楼不足两公里的一条小路上；死者死于机械性窒息，但是死者头部同样遭遇了重击；死者伤口位于额头上方，系遭遇凶手正面砸击；死者没有被性侵犯的迹象；死者身上有着严重的死后伤，凶手反复破坏尸体，使其支离破碎，小腿被砍下。

（9）第九案：玛格丽特·沃尔斯案

地点：曼彻斯特。

1980年8月，站街女玛格丽特·沃尔斯在夜间回家途中被杀害，尸体在第二天被发现。经过警方调查，主要有以下信息：死者尸体被发现的地点是离红灯区不远的一个巷道口；凶手杀人手法和上一起相似，死者死于机械性窒息，头部同样遭遇了重击；死者伤口位于额头后方，系凶手从背后袭击；死者没有被性侵犯的迹象；死者身上有着严重的死后伤，凶手反复破坏尸体，使其支离破碎。

（10）第十案：杰昆兰·希尔案

地点：利兹。

1980年11月，站街女杰昆兰·希尔在夜间外出接客的过程中被人杀害，尸体在当夜被人发现。经过警方调查，主要有以下信息：死者尸体被发现的地点是一条小路边；凶手的杀人手法和上两起相似，死者死于机械性窒息，头部同样遭遇了重击；死者伤口位于额头后方，系凶手从背后袭击；死者没有被性侵犯的迹象；死者身上有着严重的死后伤，凶手反复破坏尸体，使其支离破碎。

此外，警方收到过凶手寄来的匿名信件，大致内容是嘲讽警方无能以及称赞自己十分强大等。已得到字迹鉴定确认的匿名信件一共4封，时间分别是：信件A于1977年11月14日收到，信件B于1978年2月28日收到，信件C于1978年5月11日收到，信件D于1978年8月27日收到。其中在信件C里，凶手甚至指出自己会在6月3日去特定地点杀人，但是事实上，他并没有这么做，警方才发现自己被骗了，是凶手在糊弄他们。

除上述案件中的幸存者外，还存在其他四个幸存者。她们的基本情况为：幸存者A抢救及时，但是因为头部伤势过重成了植物人，没有参与调查；幸存者B抢救及时，参与了调查工作但是帮助不大，没有看清凶手面目；幸存者C抢救及时，参与了最后指认工作；幸存者D抢救及时，但记不清凶手长相。

通过以上信息，我们可以总结出以下几点：第一，凶手以失足妇女为杀害对象，其中有两个被害人不是失足妇女，但因为被害人要见朋友或参加晚会而打扮得花枝招展，可以推测大概率是被凶手“错误地”选择为目标。换句话说，失足妇女这个形象，或许是一种代偿。第二，凶手杀人的内在动机不明显，但存在由“只想杀个站街女”到“杀了站街女还要虐尸”，再到“杀了人，虐了尸，还要让人知道，还想炫耀”几个阶段。第三，凶手大体上是流窜作案，但是我们可以先罗列一下他的大致活动轨迹：利兹→利兹→利兹→曼彻斯特→曼彻斯特→莱斯特→莱斯特→利兹→曼彻斯特→利兹。利兹这个点，就是犯罪地图学上所说的“基本轨迹归属点”，这个点的位置暗示犯罪人心理舒适值最大的区域，往往是流窜作案犯罪人的常住地或成长地。

所以我们至少可以推测，凶手是利兹人；介于偏有组织型连环杀手和偏无组织型连环杀手之间。

4. 案件后续

1981年1月，在利兹市以北的劳伦斯街区，巡逻的警员将正打算把一名风尘女带入深巷的皮特·威廉·撒特克里夫拦下搜身，发现其携带的手提包内有众多可疑工具，比如一把铁锤、数把螺丝刀、数把水果刀。

这无疑让被连环杀人案件折磨得精疲力竭的警察精神大振，他们马上以一个不大不小的理由把皮特·威廉·撒特克里夫带回了警局调查。调查进行得非常顺利，皮特几乎是很坦诚地承认了所有罪行。另外，警方也从皮特位于布拉德福德的家中搜出了更多的证据，包括没有清洗的血衣等。

2月17日，两名具有指认能力的被害人认定皮特就是当时的行凶者。就在证据确凿足以定罪之时，布洛克精神疾病中心提交了一份鉴定报告，认为皮特具有“严重的”“非常自我的”“偏执的”精神分裂症，这份报告被法庭作为定罪意见所采纳。

1981年5月，皮特被判处终身监禁。但是在1982年3月，皮特被移送精神病治疗中心，警方的理由是皮特在监狱中经常和其他犯人斗殴，并且经常被一群人打得遍体鳞伤。2020年11月，皮特·威廉·撒特克里夫因感染新冠病毒死亡。

5. 皮特·威廉·撒特克里夫犯罪前生平简介

1946年6月2日，皮特出生在约克郡南部的一个小城市，母亲是一个纺织工，名叫菲比，父亲是一个劳工（姓名不详），他还有一个姐姐叫莫琳。总的来说，这是一个普通的家庭，经济情况虽然一般但还算过得去。

学生时代的皮特性格非常内向、害羞，他的中学语法老师凡娜莎是这样评价他的："皮特是一个很沉默的孩子，给我的感觉是他很沉闷，不和人交流。"

1963年，皮特的父母离婚了，原因是菲比"厌倦了日复一日乏味的生活"，然后和一个小老板跑了。皮特早就知道母亲出轨的事情，据他所言，他在14岁某天放学回家时就看到母亲在和别的男人行不轨之事。

由于皮特的成绩很差，因此中学读完后没有得到进入大学的机会，他便开始四处求职。1965年，皮特在布拉德福德找到了一份殡仪馆的工作，他要做的就是一些守尸、搬尸之类的杂活，就连这个他也仅仅干了不到一年就卷铺盖走人了，原因是他守尸时经常旷班，而且他负责的尸体经常被他毁坏，还因此赔了一笔钱。

祸不单行，就在皮特失业后的两个月，他的父亲因为急性重型肝炎去世。父亲来势凶猛的暴疾让皮特无所适从，因为贫穷，他几乎只能坐在床边生生看着父亲咽气，而另一个至亲姐姐，以出卖自己的肉体吃饭，舍不得拿出钱来帮父亲治病。

接下来的几年，皮特找了很多工作，但都没有做多长时间就被辞退了。直到1972年，26岁的皮特认识了身患抑郁症、36

岁的索尼娅·祖玛，两人擦出了“爱情”的火花。索尼娅的母亲哪里还管男方年龄小，心里很高兴终于把这老闺女嫁出去了，还托人给皮特找了一份卡车司机的差事。于是，皮特总算是有了一份安稳的工作，以及一个看上去还可以的小家庭。唯一让皮特恼怒的是，姐姐莫琳十分反感索尼娅，还指责他“娶了一个白痴”。

皮特当司机主要负责运输一些日常生活用品到各个供应地，而“约克郡三角区域”正是在他的运输范围内，他流窜作案的原因就在于此——在因工作去往各地的过程中作案。

1974年是皮特开始杀人的一年，也是其精神状况开始变得更加糟糕的一年。精神恍惚的他开车撞进别人庄园里，从这一年开始，他也经常自己去寻求精神疾病控制中心的帮助，可惜没有人为他做详细的鉴定和治疗。

二、犯罪心理简要分析

1.犯罪心理成分分析

皮特·威廉·撒特克里夫的犯罪心理成分=潜性代偿式偏执型犯罪心理（主）+连环杀手的杀戮欲望（辅）+表演型人格障碍（辅）。

2. 详解

（1）潜性代偿式偏执型犯罪心理

这是本案最重要、最有认识价值的一种犯罪心理，也是笔者挑这个案子来说的原因。皮特 · 威廉 · 撒特克里夫在遗嘱里要求将下面这段话刻于其墓碑之上："躺在这里的男人是个天才，如果缭绕在他身边那激情澎湃的能量得以释放，天地将为之颤抖。（如果真是这样的话）也许还是让他睡去更好？"

"潜性代偿"和我们以往所说的代偿不一样，过去笔者介绍的"代偿式泄愤"等代偿，都属于"表性代偿"，也就是明面上的代偿、直接性的代偿。怎么理解这种模式呢？就以本案为例，"潜性代偿"必须满足以下几个特点：

- 存在具有代偿意义的群体；
- 代偿主体不明显（或无法确定）；
- 心理宿主对指向性的潜性代偿个体没有针对性行为；
- 存在某种内在助推作用（一般为精神疾病引发的针对性幻想或其他畸形信仰等构成助推）。

皮特找到的具有代偿意义的群体是失足妇女，这没疑问，那么代偿主体是谁呢？是他那抛弃家庭的母亲，还是对垂死的老父亲不管不顾、插手自己婚姻且具有明确失足妇女形象的姐姐？我们无法确定代偿主体，但是上面两者，我们称之为"指向性的潜性代偿个体"，也就是可能诱发潜性代偿的具体个体

（或不止一个）。

我们前面说到的代偿式泄愤，一个点就是“连环杀手通常把代偿主体作为猎杀对象”，与之不同的是，本书我们介绍的潜性代偿中，凶手是不会把指向性的潜性代偿个体作为自己的猎杀对象的。原因只有一个：潜性代偿需要持续保留现实的指向性的潜性代偿个体，才能保证自己的代偿行为获得足够的快感。也就是说，皮特的母亲或者居住在一起的姐姐，是不会被他杀死的，而她们的存在，只是起到保障凶手潜性代偿杀戮快感的作用。

潜性代偿，之所以说“潜性”，主要原因就是它本身的心理能动性（驱动力）很差，不仅需要保持指向性的潜性代偿个体，而且还需要强大的“助推作用”。皮特的“助推器”是不断发展的精神分裂症，更深入一些说，是作为精神分裂症阳性症状之一的妄想和幻觉，常见的情况一般有：

- 影响妄想：认为行为或思维被控制，包括思维被夺、思维插入或思维歪曲；
- 自我意义妄想：夸大或关联想法、宗教念头（如觉得自己是超人、是无所不能的上帝）；
- 被害妄想或偏执妄想：总感觉有人要害自己；
- 躯体妄想：如认为自己的身体正在腐烂；
- 幻视、幻听、幻嗅、幻味、躯体幻觉。

皮特的妄想，主要是自我意义妄想和偏执妄想，他的内在认为失足妇女是非常丑陋、充满罪恶的存在，自己、他人都深受其害，所以必须由“强大的”他去“替天行道”。

（2）连环杀手的杀戮欲望

本案中的一个特别之处在于：凶手原有的主要动机不是性，也不像其他连环杀手一样，早就在头脑中幻想出一幅幅杀人的预想画面，他最初杀人完全是在潜性代偿式妄想指导下的行为。简单来说就是，凶手开始杀人就像是在“帮人做任务”一样。

在第一案中，凶手在尾随被害人后直接将其扑倒，试图将其杀死，结果却让人跑掉了，这是非常典型的无组织型行为。给人的感觉就是“走在路上突然接到任务，不假思索地做出了这个行为”。发出这条指令的，在凶手看来是“上帝”，其实是上面所提到的一系列潜性代偿机制。

虽然说连环杀人案前期的几起案件，凶手确实没有单纯的杀人欲望，但是这种欲望最终还是发展了出来。其中一个标志就是频率加高，凶手开始在“做任务”的同时，享受杀戮带来的变态乐趣了。总之，从本案我们可以得到一点：连环杀手不一定在整宗连环杀人案中都以杀戮作为驱动力，但它极其容易形成和加深。

（3）表演型人格障碍

表演型人格障碍在本案中的体现主要来源于两个行为证据：一是随着案件发展，凶手开始主动把尸体移动到容易被人发现的地方；二是随着案件发展，凶手开始写信挑衅警方，竭尽全力地赞扬自己的行为。和杀戮欲望一样，这种人格障碍也在整宗连环杀人案中发生了从无到有的转变。

根据DSM–5，表演型人格障碍判定的标准为以下几点：

- 如果不是大家关注的中心会感到不舒服；
- 在与他人交往时往往带有不恰当的行为；
- 情绪极端且表达模式肤浅，容易快速变化；
- 表现为自我戏剧化、舞台化以及夸张的情绪表达；
- 易受暗示。

由此可以看出，皮特的基本特点（依据案例分析总结而来，有一定或然性）包括：

- 人格体愿意近距离感受“自己表演”的结果，例如，有的连环杀手喜欢重返现场参与警方的破案过程；
- 本身境况不会太好，普通而平凡，但内心狂热，性格内向、孤僻；
- 人格体统计中，童年时缺乏父母关注，甚至遭受虐待、忽视的个体容易具备该人格障碍；
- 与反社会人格障碍的关系：潜在人格特质有相似的一面。一旦普通的行为方式屡屡受挫，满足不了此种人格潜在的心理需求，那么寻求关注的诉求就很可能通过偏反社会人格模式的激发来表达。

三、拓展篇

1. 为何这么多年案件才告破

（1）社会原因

混乱，总是邪恶的催化剂。和美国一样，20世纪下半叶的英国有很多社会问题，历史学家将其统称为“英国病”，经济发展缓慢、经济危机频发、通货膨胀，这些也带来了日益升高的犯罪率。生了病的英国，司法工作也是生了病的，就以本案为例，英国警方调查过程中的不仔细和得过且过是屡次让皮特逃出法网的重要原因。

（2）凶手作案范围广

凶手作案范围广，加上警署间交流少，导致并案时间较晚。

（3）外界舆论误导

如果你看过网络上各种关于刑事案件的信息，你就不难理解这一点，妖魔化、虚假信息遍地都是。约克郡南克警察署在1976年到1978年设立了案件热线，根据统计，警方平均每天接到264个电话提供信息，而最终确认真实的不足10%。另外，还有很多人冒充凶手写信给警方，这些虚假信息花去了警方大量的时间和精力，最后却没有得到让人惊喜的结果。

（4）刑事侦查技术的落后

（5）存在复杂的人际关系和协调关系

由于涉及多个辖区和机构，三年内警方委任了300多名全职警探。

（6）伪证

其实警方曾经调查到了皮特，但因为皮特的妻子为其做不在场证明，使他得以逃脱调查。索尼娅也有精神疾病，只不过是慢性的，加上长期抑郁症的影响，她对丈夫可谓言听计从。

2. 犯罪地图学——最终锁定约克郡开膛手的功臣

这宗案件总被业内人士作为犯罪地图学的经典案件来研究。约克郡某民政厅犯罪统计研究机构有一位犯罪学家叫斯图尔特·凯恩德，在1979年的一次高层会议研究过该案所有的证据后，他说："罪犯生活在布拉德福德，只不过他一直在换着地方作案捉弄我们。"

他进一步说道："想象一下，这么多个尸体被发现的地方，如果我们用地图针把这些地点标出来，之后用一根线把地点串起来，接下来的问题就会是如果我们把这根线延长，在哪里放置第18根针最便捷，又能用最短的线？"

斯图尔特所说的这个看起来很高大上的类似"引力中心"自然不是简单的串线，而是通过电脑分析出来的——犯罪预测发生区域，它指向的是连环系列案件的下一个发生概率最大的区域。

通过分析，警方得到的结论是凶手下一次作案在利兹以北的区域概率最高，结合凶手选择猎物的特点，警方在相关地区的红灯区部署了大量警力。事实证明他们是对的，皮特最终栽到了这个地区的巡警手里。

现在的警方对犯罪地图预测系统的使用非常厉害，毕竟数据库增加了很多倍。据笔者了解，最出色的要数GIS（地理信息系统），它能够利用时间、空间等因素的关联性预测和研究犯罪行为。

对于国外探案人员来说，进行犯罪地图学分析有两个角度：宏观角度，是对已知区域内犯罪人实施的全部犯罪活动模式进行分析；微观角度，是对单个犯罪人实施的一系列案件活动模式进行分析。

作为一种犯罪侦查方法，它的主要原理就是利用过去所有统计案件所具有的数个犯罪地点条件，分析出调查案件中嫌疑人的信息，包括居住区域信息、预备作案地点等，它和犯罪心理学一样，虽然不能直接提供嫌疑人有罪的证据，但可以协助案件侦查，两者最关键的，都是数据库的构建。

10

枪口冒烟的快感——华盛顿连环枪杀案

2002年10月2日，下午5点20分。这是一个星期三，和往常没什么不同。傍晚时分，位于华盛顿特区马里兰州威登镇上的车流渐渐多了起来，住在这儿的大多是社会中上层的富裕家庭，上了一天班、忙碌了一天的人们都急急忙忙往家赶。

没有人注意到，马路边的一家名叫麦克尔手工艺品店的玻璃窗突然碎了。就连店主也半天才反应过来，他向窗外看去，但没有行人经过。在这个区，他还从来没有遇到过有人故意把别人店铺玻璃弄碎的事儿。接着，店主一边给警察局打电话，一边琢磨这到底是怎么回事。

他哪里会想到，几个小时后的华盛顿特区将陷入恐怖的氛围之中，只不过这一次来的是连环杀手。

一、罪案全貌概述

1. 案件基本情况一览

犯罪人：李 · 马尔沃、约翰 · 阿兰 · 穆罕默德。

作案时间：2002年10月2日至10月22日。

作案地点：华盛顿马里兰州（以及附近部分地区）。

被害人数：13人（10死3伤）。

杀人手法：枪杀。

2. 五枪

2002年10月2日，詹姆斯 · 马丁，一名计算机程序员，刚下班的他将自己的车停在超市前的停车场上，他要为自己常去的教堂买些日用品。正当他走向超市门口时，一颗子弹不知从哪里射了过来，马丁当场倒地身亡。

神秘的凶手睡了一觉后又出现了。10月3日早上7点41分，正在马里兰州白火石区一家汽车店门前清理杂草的詹姆斯 · 布坎南突然倒在了地上。他挣扎着爬到汽车店的门口，便再也动不了了。从汽车店里跑出来的员工发现他的左胸部位被一颗子弹击中，他已经停止呼吸。

早上8点左右，出租汽车司机库玛 · 威利卡将车停在马里兰州阿斯彭镇洛克威尔街的一个加油站，车加满油后他就准备回家了。这一天对于库玛来说有着重要意义——这是他和妻子结婚25周年的纪念日。他54岁了，是一个印度移民。这一天他的心情格外好，从加油站的洗手间出来后，他还买了一张彩票。然而，当他推开门走出加油站的一瞬间，悲剧发生了。不知从哪里射来的一颗子弹打中了他的左胸口，库玛颤抖着让一个离他最近的车主帮他叫救护车，然后他就倒在了地上。当救护车和警察们赶来的时候，他已经断了气。

然而这一切才刚刚开始，在库玛被枪杀后20分钟，早上8点37分，在距离库玛中枪处不到16千米的邮局门口，又出事了。26岁的莎拉·拉姆斯正坐在一条长椅上看书，从她身边走过的拉尔夫先生看了一眼这位漂亮的女士，然而，他没走出几步就听见身后砰的一声。回头看时，那位漂亮的女士已经从长椅上倒下——她的头上满是鲜血。拉尔夫连忙跑进附近的一家餐馆打电话报警，说他看见有个女孩开枪自杀了。（因为当时在莎拉身边一个人也没有，所以拉尔夫误认为她是自杀的。）

然而，当正在附近巡逻的马丁警官赶来的时候，他很快断定这不是自杀，因为在现场根本就没有任何武器。还可以确定的是，子弹打穿了莎拉的头颅，她已经没有生还的可能了。

很快其他的警察赶到了现场，其中一个警察告诉马丁，这已经是这两天的第4起枪杀案了。上午9点58分，正当劳瑞·瑞维拉从停在马里兰州肯辛顿区的一个加油站旁的汽车里出来时，一颗子弹击中了她的头部，当场死亡。

不到16个小时，5个人被枪杀。华盛顿郊区陷入了人人自危的恐慌之中。

3. 战场

到目前为止，华盛顿附近的连环枪杀案已经被传遍，恐惧席卷了整个地区，从弗雷德里克到费尔法克斯，很多学校都放假了。公众不敢随意出门，商场也一片冷清，但是噩梦还远没有结束。

10月3日晚上9点15分，凶手在休息了将近12个小时后又出现了。正步行穿过马路的帕斯卡 · 夏洛特被子弹击中身亡。这一次有目击者看到一辆有两个人乘坐的白色小货车经过现场。

第二天，10月4日，凶手的活动范围向南部扩展了一点。下午2点30分，在弗吉尼亚州的弗雷德里克堡，克拉斯 · 洛森被击中。

警方对发生的7起案件进行了分析，他们唯一的线索是所有的子弹都是从同一把步枪里射出的，但无法确定是一个凶手还是两个凶手。华盛顿，赫赫有名的特区，此时却硝烟四起，俨然变成了一个战场。警方的敌人，就是那躲在暗处的狙击者。

这个周末，凶手也放了个假，没有发生类似的案件，但是10月7日星期一，凶手又出现了。马里兰州保依区本杰明中学门口，13岁的男孩艾伦 · 布朗在走向校门时突然腿部中弹，而后腹部再次中弹。他是所有被害人中唯一的未成年人。幸运的是他活了下来，经过3个小时的手术，他的部分内脏被摘除，但是性命保住了。

在这次案件枪击现场大约50米外的地方，警察们找到了一张用于占卜的塔罗牌——那是一张代表死神的纸牌。在上面警察们发现了这样一行字："亲爱的警察，我是上帝。"

很快，记者们不知从哪里打探到了这个消息，死神纸牌的新闻出现在各个媒体的头条。对此最恼怒的莫过于蒙哥马利地区的警察局局长查尔斯。他立刻召开记者会，指责媒体妨碍警察办案，泄露消息。

FBI的犯罪学家相信这张纸牌是凶手尝试和警察对话的标志。除了纸牌外，警方在这起案件里还有一个重大收获。他们在现场附近的草丛里发现了一支圆珠笔，笔管上疑似有凶手的DNA。

10月9日，在华盛顿西南约50千米的玛那塞斯加油站，又一个枪下冤魂出现了。53岁的迪恩·哈罗德·梅耶斯给自己的车加满油准备离开的时候，突然头部中枪倒在了地上。

10月11日上午9点30分，在弗雷德里克堡地区一个加油站外的空地上，正在加油的布里吉斯突然腹部中弹倒地。当时他身边到处都是行人和车辆，甚至还有一支警卫队在附近。

10月14日，林达把车停到教堂附近的一个停车场，从车里往外搬东西的时候头部突然被一颗飞来的子弹击中。几分钟后，她就离开了人世。此案现场也发现了和上次一样的死神纸牌。

4. 猫捉老鼠

2002年10月19日，星期六，在距离华盛顿特区约130千米的阿斯兰德，男子鲁克斯 · 德沃尔在前往一家餐馆的路上被枪击中。虽然他知道在华盛顿地区出现了连环杀手，但是，阿斯兰德距离威登镇有100多千米，他以为自己是安全的。

很显然，凶手充满了自信，他的活动范围开始扩大，而且他的行为升级了。

在这次枪击案发生后几分钟，警方接到了一个电话，对方一五一十地告诉警方他所做的事，还说自己制定了具体的杀人时间表。当警察们追踪到电话的位置时，发现对方是用弗吉尼亚州里奇蒙德市附近的一个公用电话打过来的，还使用了变音装置。真正让警方感到忧虑的是，他们一直在被凶手牵着鼻子走。

2002年10月22日，凶手又回到了马里兰州威登镇。早上6点左右，在距离被子弹打破玻璃的工艺品店不到1千米的地方，司机考瑞德 · 约翰森被击中头部，当场死亡，留下妻子和两个孩子。

每个人的神经都紧绷到几乎要断开的地步。又是一起凶杀案，又是一枪致死，没有人敢说自己是安全的。在现场附近，警方找到了一张纸条，在纸条上凶手提到向政府索要1000万美元的要求，还威胁如果不按要求做，那些学校里的孩子将时刻处在危险之中。尽管很多民众反对，但是政府最终还是拒绝了向凶手支付1000万美元的要求。

5.线索

就在警察们万分焦急的时候，一个神父向警方提供了重要的线索。他说自己接到过一个神秘的电话，打电话的人声称自己就是在华盛顿杀人的枪手，还出言侮辱了耶稣。

警方对神父的通话记录进行了调查，发现那一通电话使用的电话卡最初的办理地点是在亚拉巴马州。华盛顿警方马上联系了亚拉巴马州警方，要求调查有没有发生过类似的案件。

很快他们就查出在2002年9月21日，亚拉巴马州蒙哥马利一个卖酒的商店发生了一起枪击案，凶手一进门就开了枪，一个妇女被打死，还有一个人受了重伤。而且，凶手抢走了一张信用卡。华盛顿警方惊喜地发现，这个信用卡账户正是凶手要求给他支付1000万美元的账户。

另外，在蒙哥马利枪击案现场凶手留下了一枚指纹。警方对指纹进行鉴定，在庞大的指纹数据库里他们最终锁定了一个人——李·马尔沃，一个17岁的牙买加移民（李和其母亲在偷渡后曾被拘捕，所以留有指纹）。警察还发现，李和一个叫约翰·阿兰·穆罕默德的人来往甚为密切。一些警察突然想起，13岁的男孩艾伦被枪击后不久，他们曾在附近的一辆车里见过睡着的约翰。只是当时警察们以为他是个流浪汉。

现在，警方有了两条重要线索：可以确认艾伦案发生的时候约翰就在现场；因为当时对犯罪现场附近的车辆都进行了记录，所以警方可以查出他的车牌号。

很快，警方就开始查找那辆车牌号为NDA2ZXX的车。10月23日夜里11点半，从宾夕法尼亚州经过麦斯威尔街的惠特尼·唐纳休突然发现临时停车站附近停着的一辆蓝色雪佛兰车的车牌正好是警方要找的那个。

他给警方打了电话，说自己可能看到了那个车牌，但天太黑了没看清。警方不知道是怎么想的，居然让惠特尼去确认一下，顺便再看看车里有没有人。惠特尼一想有点害怕，于是他跑到附近找了另一个司机帮他去看看。

得到确认之后，警方终于出动了。在车里，警方抓到了两个熟睡中的男子，李·马尔沃和约翰·阿兰·穆罕默德，另外还找到一支步枪、一架望远镜、一个狙击垫、一个消音器。车上还被人为地钻了两个洞，一个刚好够步枪管口伸入，另一个则刚好可以使用望远镜。警方随即逮捕了两人，步枪种类经过确认和子弹吻合，笔管上的微量DNA也和约翰·阿兰·穆罕默德的确认一致。

6.审判

2003年10月，对两人的审判开始了。两人在弗吉尼亚州分别接受了审判，这是华盛顿特区和弗吉尼亚州协商的结果。

此外，李很快就被裁定可以在成人法庭接受审判，这就意味着他可以被判处死刑。

对约翰的审判经过了两天的时间，在法庭上，律师试图证明约翰是受了海湾战争综合征的影响。但遗憾的是，约翰自己不同意这个说法，他在法庭上一言不发并拒绝配合，还拒绝接受公诉人一方的精神医生的检查。最后，陪审团给出结果，认定其谋杀罪成立，除非他选择电椅死刑，否则他将以注射毒针的方式被处死。

约翰对此不屑一顾，当场表示要上诉。该上诉被驳回，死刑时间被确定为2004年10月14日。至于李，情况比较特殊，他是未成年人，但是从进入法庭起他就一直声称自己枪法很准，所有人都是他杀的。

2003年11月24日，李迎来了对他的宣判，可能是因为他看起来年纪很小，他并没有像人们预料的那样被判处死刑，而是被判处终身监禁并不得保释。

对于这个判决，当时陪审团的成员解释不一：一部分人说他在犯罪时还只是个少年，而且深受约翰的影响，所以网开一面。还有一部分人则说他在监狱里写的日记将自己描绘为圣战的烈士，如果判处他死刑等于成全了他“作为烈士”的愿望，而终身监禁意味着他要一辈子待在监狱里，也许这样对他的惩罚更大一些。

对于判决，笔者不想多做评价，但无论如何抓住凶手是件好事：马里兰州的孩子们终于可以放心地到户外玩耍了。

二、犯罪人人生经历简述

1. 李 · 马尔沃：偏执、极端的恐怖分子

1985年2月，李出生在牙买加一个普通家庭，他的父亲是一名老师，母亲是一名工厂职员。在李4岁的时候，他的父母离婚，父亲给他找了个后妈。5岁的时候，他的父亲被人枪杀，但没有查出凶手，牙买加警方给这个家庭的回复是行凶者是一名美国人。

16岁的时候，李的后妈带着他和他的哥哥汉思 · 马尔沃偷渡到了美国华盛顿。这个时候的李性格古怪多疑，在同学眼里是个“安静、普通、沉默、奇怪”的人。在学校里的大多数时间他都在图书馆。沉默的外表下，年幼的李却是一个有着极端信仰的恐怖分子。

或许是目睹父亲被杀的情景，或许是其他不良心理因素的诱导，李对宗教和美国政府具有强烈的仇恨情绪和敌对情绪。入狱之后，李也要求每餐素食，而且经常在狱中绘画，很多画上都有“把他们都杀死”“圣战”等标注，而且他认为“9 · 11”这类事件应该多发生，美国并没有受到应有的惩罚。

2003年9月的《华盛顿邮报》也记录了李的经历。马里兰

州警长戴维斯提到他对美国的仇恨多源于美国对其他国家的不断打击。

李·马尔沃经历总结：充斥着仇恨和疑惑的童年，极端情绪和极端人格融合并发展的青春期。这代表了一种我们从来没见过的犯罪心理类型，这种极端的成分结构虽然简单但足以致命。

2.约翰·阿兰·穆罕默德：落魄的战争英雄

1960年12月31日，约翰出生在路易斯安那州的新奥尔良，他当时的名字是约翰·威廉姆斯。1981年，他和一个名叫卡罗·威廉姆斯的女人结了婚，两个人很快有了一个儿子，但婚姻生活没有维持多久，4年后他们就离婚了。

离婚后，他还不断打电话给卡罗，告诉她不要给自己的儿子吃什么东西。1978年至1985年，约翰在路易斯安那州的国民警卫军服役。1994年至1995年，他在俄勒冈州的国民警卫队服役。

约翰的生涯中最引人注目的是他曾在1990年参加海湾战争。他的步枪射击技术就是在这时候训练出来的。他的枪法很准，能在50米到300米的范围内10发9中。在海湾战争中，他先后被派到4个不同的地方，都圆满地完成了任务。

但是在1995年，约翰因为某些原因被要求退役。退役后，约翰又一次结婚，而且有了三个孩子。他们一家搬到了华盛顿附近的塔科马港市。他开了一家车行，但在1996年因为经营不善关门了。

在这期间，约翰还参加了由全美国穆斯林协会组织的1995年环绕华盛顿的百万人大游行。后来，约翰正式把名字改为约翰 · 阿兰 · 穆罕默德，而他的第二个妻子也和他离婚了。

这期间，约翰结识了偷渡到美国的马尔沃一家人，李很快和约翰混在一起，约翰甚至对外说李是他的儿子，两人开始结伴到处惹麻烦。2002年9月10日，约翰带着李买了一把步枪和一辆雪佛兰车。仅几周之后，枪声就在华盛顿响起了。

约翰 · 阿兰 · 穆罕默德经历总结：贫穷的童年，战场立功却被劝退（挫折一）；两次不幸的婚姻（挫折二）；社会适应不良，事业上屡次失败（挫折三）。

第三章

童年阴影诱发暴力犯罪

11

另类崇拜与另类杀戮——爱德华·西奥多·盖恩案

本案的凶手与前面的不同，本案犯罪人爱德华·西奥多·盖恩不是一个连环杀手，法庭上确认他杀死的被害人“只有”三人，但是他的犯罪手法和各种标记行为，实在太过恐怖，以其为原型改编而来的电影有很多，比如《得州电锯杀人狂》《惊魂记》《沉默的羔羊》等。其实银幕上的杀人魔很多，而同时成为多部好莱坞一级大作原型的杀手，史上仅此一人。看完本案，你将了解到的是血腥的犯罪事实和盖恩恐怖而异常脆弱的内心。

一、罪案全貌概述

1. 盖恩的童年生活

1906年8月27日，盖恩出生了，盖恩的家庭是一个四口之家——母亲奥古斯塔、父亲乔治以及盖恩的哥哥亨利。这是一个什么样的家庭呢？用一个词来形容就是“专制”，他的母亲奥古斯塔是个非常强势的女性，她独自经营着一个小杂货店——这是维持整个家庭的唯一经济来源。母亲性格强势，加上有物质层面的控制权，使她在家里具有“至高无上”的权力，家里大大小小的事情都由她说了算。与此相反，父亲乔治是个嗜酒如命且性格懦弱的人，他长期处于失业状态，对家里的事情不管不顾，面对妻子的日常吼骂早已失去回应的兴趣。

从小到大，奥古斯塔对两个孩子灌输的观念归结一下就是：“你们的父亲是个没用的家伙”“你们男的都没用”“臭小子们，离那些女人远一点，她们都是魔鬼”。

而这个醉鬼父亲虽然对妻子非常服帖，但是对子女又是另一副嘴脸，他经常会对两个孩子施加暴力。于是，在盖恩看来，一切都像母亲所说的那样，父亲是个没用的家伙，不是个可以依靠的人，也正是因为这样，盖恩更加对母亲的“强权”产生依赖。

1914年左右，因为居住地是乔治的家乡，所以奥古斯塔认为这是个“很糟糕的地方”，她害怕自己的孩子会变成像乔治那样一无是处的人，便以这个理由变卖了房产，举家搬到了威斯康星州的平原镇，并在这个小城镇上荒无人烟的郊区买了一座将近13万平方米的农场。

到了上学的年纪，盖恩在学校是一个非常内向孤僻的人，母亲告诫他要时刻提防别人，因此他在学校没有任何朋友。年幼的盖恩只能顺从母亲的教诲，下意识地将自己孤立在另一个世界——那里没有朋友，没有爱情，只有在母亲强权的控制下获得的一点点安全感。

1940年4月，乔治死于恶性呼吸道疾病，父亲的死本身没有给盖恩带来很大震动，但奥古斯塔对两个儿子说，乔治一定会下地狱，并把乔治的死因归结于他的懦弱，说这是上帝给予懦弱之人的惩罚。这让盖恩十分恐惧，他很担心自己会像父亲一样。

虽然奥古斯塔对两个儿子的教育方式是一样的，但哥哥亨利相对于弟弟盖恩来说更加成熟而理性，有独立思考的能力，他经常由于反对母亲的观点而招致母亲的辱骂。随着年龄的增长，这种家庭内的争吵变得越来越常见，在盖恩眼里这是非常不可思议的事情，原因就在于母亲这个形象在他内心是极其高大而威严、善良而不可触犯的，但哥哥居然敢和母亲作对，这让他十分迷惑，因此两兄弟的感情也不好。盖恩不能理解哥哥对母亲的忤逆，亨利也很反感弟弟对母亲的过度依赖。终于有一天，这种矛盾被人为解决了。

2. 第一宗谋杀案——亨利案

1944年5月16日晚上，盖恩来到小镇的治安署，说前几天发生了一起大火，哥哥亨利在救火的时候不慎被烧死了。警方赶往农场后，的确发现了火灾的痕迹，火灾地点是位于一片沼泽旁边的小屋内，小屋已经面目全非，但警方发现了很多疑点。据盖恩指出的发现亨利尸体的地点并没有火烧过的痕迹；亨利的头部有大面积瘀血，其形状符合外物作用打击型伤口；推断死亡时间在5月15日中午左右，但是盖恩直到16日晚上才来报案；虽然亨利的死十分蹊跷，但警方最后还是以意外死亡出具了死亡证明。在当时，没有人相信性格腼腆内敛的盖恩会去杀人，何况还是他的哥哥，直到最后盖恩亲口承认。

在亨利死后，奥古斯塔就生病卧床了。据其远房亲属奥列克 · 福莱特所言，亨利的去世给奥古斯塔带来了很大的打击。很长一段时间里，她的精神状态很糟糕，一直在自责没有照看好亨利。

1945年12月29日，奥古斯塔死于肺炎、中风等多种并发症，享年67岁。盖恩对母亲的死显得悲痛不已，他把母亲的小屋封了起来，就像博物馆一样，一切物件的摆放都如平时一样，母亲的尸体也被他保存在家里，一周后才埋葬。

母亲的死亡宣告了盖恩的现实性精神支柱轰然倒塌，一方面，他有一种内在的解脱感；另一方面，他又无所适从。再让我们回顾一下盖恩从出生到将近40岁的人生经历，有两个主旋律：孤独和失去自我。

母亲去世后，盖恩从这种解脱感中获得了去寻找一些乐趣的途径，但是他与正常人的情感交流，甚至是对正常环境的情感感知已经受到很大阻碍，这注定了他所寻求的“乐趣”贻害无穷。因此，书籍成了盖恩的慰藉。他都看些什么书呢？警察署破案后在盖恩家里搜到的书大致有这两类：解剖学书籍和“二战”时与活体实验有关的书籍（多为虚假材料）。

或许在镇上其他人看来，盖恩只是个孤独的、不爱说话的单身汉。但人们不知道的是，从小生活在母亲建造的心理囚笼里的盖恩，从小生活在以母亲为唯一核心的封闭世界里的盖恩，在母亲去世后已经着手构筑自己“丰富”无比的内在世界了。

从1946年开始，盖恩便频繁掘墓，他的掘墓对象多是刚下葬的中年女性，并且伴有奸尸行为。另外，他还会把一些尸体搬回家中做成各种“手工艺品”。盖恩第一次掘墓，掘的是他的母亲奥古斯塔的墓。他将母亲的尸体挖出，放在了她生前的小屋（“博物馆”）内。

远离人群的小庄园给盖恩提供了一个幻想的国度，他生活在自以为的辉煌神圣的世界中，那“无比有趣”的人体实验、解剖，这一切都让他痴迷和疯狂。

在这段时间里，盖恩会在前半夜去各个事先选择好的地方掘墓，然后在后半夜回到农场，在那昏暗的油灯下如痴如狂地“工作”。但是，这种行为最后升级了。

3. 第二宗谋杀案——玛丽 · 赫甘案

普兰菲尔德酒吧是临近郊外的一个小酒吧，52岁的玛丽 · 赫甘是普兰菲尔德酒吧的老板娘。据盖恩所言，赫甘的长相和体态很像自己的母亲奥古斯塔。

1954年12月8日夜，盖恩来到酒吧，一直待到人都走光后，用手枪将赫甘打死，然后将尸体搬回家，进行了像往常一样的一系列“人体实验”操作。由于盖恩将现场进行了处理，警方一度把案件当成了绑架案来调查，没有获得什么有价值的线索。

4. 第三宗谋杀案——伯妮斯 · 沃顿案

小镇里有一家卖各种农用工具和日常生活用品的杂货店，55岁的伯妮斯 · 沃顿是老板娘，她的儿子弗兰克 · 沃顿是郡警察署的副警长。

1957年11月16日，接近黄昏之时，弗兰克到杂货店接母亲回家吃饭。弗兰克发现很不对劲，店里的灯都关着，门也关上了，进入房间后他发现很多血迹，于是立刻通知了警署，警方立刻展开调查。据他回忆，15日盖恩来过店里，而且询问了弗兰克今天的行程，最后什么也没有买就走了，所以盖恩成了首要嫌疑人。

警方前往盖恩的农场进行搜查，扑面而来的恶臭和随处可见的垃圾让人怀疑这里是不是个垃圾处理厂。农场的正门被锁上了，所以警方只能从储物间进入。警方仅仅在储物间就发现了一具被人为处理过的尸体，而这具尸体就是伯妮斯·沃顿的。

警方继续往里走，在一间卧室里，场景仿若地狱一般，各种由人体组织做成的“手工艺品”让人震惊。这些让人瞠目结舌的证据花了警方将近两天时间才记录完，到19日晚上，盖恩居然大摇大摆地回到了农场，他看到如此多的警察，第一句话就是：“如果你们是来调查杂货店杀人案的，我什么都不知道。”他随即被逮捕。

起初，盖恩并不承认他杀了人，但是在几天强度很大的审讯以及越来越多的证据被发现的情况下，盖恩开始坦白他的犯罪事实，包括如何谋划杀死沃顿夫人和如何杀死自己的哥哥等。但是对很多尸体处理的过程，盖恩表示“记忆很模糊”“想不起来”。

而且，盖恩对于这些行为没有任何忏悔的迹象，他十分平静，甚至在描述有的过程时还显露出高兴的表情——这一切对他来说很平常。最后，盖恩由郡属精神病机构执行精神病鉴定，结果显示盖恩在心理和精神上的确遭受过创伤。经过大约30天的心智测试后，盖恩被认定为精神不属于正常范畴，他具有慢性精神分裂症的表征，无法被指控一级谋杀罪名。因此，盖恩被送往美国中央国家犯罪精神病院接受治疗，一直到1984年7月26日因癌症去世。

5.疑点

盖恩真的没有刑事责任能力吗？前文说过，很多警察署认为将犯罪人判定为精神病罪犯后可以减少自己的工作量，而有意做出所谓的减罪鉴定。就盖恩来说，其行为和犯罪心理逻辑符合度比较高，大概率属于具有刑事责任能力的群体。

现在的司法精神鉴定发展已经比较成熟，总的来说，司法鉴定的关键不在于证明某个人是否有“精神病”，而是证明某个人是否具有“刑事责任能力”。

就我国而言，司法精神病的鉴定，包括以下方面：

- 对犯罪嫌疑人鉴定的时间是在犯罪行为之后；
- 鉴定方式主要是精神病专家对嫌疑人进行会晤（也称临床诊断）；
- 判断的根据是接触鉴定对象的观察，还有对相关症状群的了解，其症状群包括嫌疑人的家族有无相关病人。

在司法鉴定中，首先，智力因素是责任能力的核心。确切地说，智力是人在各种活动中都存在的认识能力，就能力本身而言，最基础的能力并决定人们最基本活动水平的就是智力，这是判断人的刑事责任能力的核心。对于犯罪人的责任能力判断应该首先重点考虑其作案的智力水平，如有无犯罪目标的选择、有无犯罪预谋和策划特征。

无论犯罪人怎样狡辩或伪装，其犯罪的客观过程，犯罪呈现的具体实施方式，或带有隐匿性的事先准备，犯罪时间和地点的选择等都可以显示出其犯罪预谋的智力水平，同样也就可以显示其犯罪有无责任能力的问题。

其次，意识是刑事责任的宣判者。判断一个人有无刑事责任能力还有一个非常重要的概念即“他是否为故意或有意”。所谓故意，《现代汉语词典》（第7版）的解释是“有意识地（那样做）”。而刑法学中，“故意”的解释是有行为目的和主观动机的含义。所以，司法精神鉴定对于行为人在行为行使时的意识特征判断，是最后为法庭提供刑事责任能力意见的关键。

再次，绝大多数精神病人的早期发现者都是他身边的家属，因此会出现很多包庇、作伪证的现象。而在现实的司法过程中，真正让人感到判断困难、需要专业判断的是一些犯罪人伪装成精神病人，装疯卖傻、胡言乱语、自称记忆不清等，造成其感觉、知觉、记忆、思维等智力活动有障碍的假象，这就需要精神鉴定专家进行鉴定。

最后，还有一些情况，比如犯罪人作案时可能处于一种“临界状态”，所谓“临界状态”，就是指心理活动处于正常与异常的交界或临界区域。还有的人可能是“曾经有病”，所以现在有恃无恐，在间歇期，即无病情况下故意作案等，这些都是比较复杂的情况。这种鉴定过程比较复杂，需要专业的精神病专家通过专业手段以及各种专业工具与仪器来进行鉴定。

二、犯罪心理简要分析

1.犯罪心理成分分析

爱德华·西奥多·盖恩犯罪心理主要成分=极端的类性别烦躁+恋尸癖+畸化信仰+以征服与获取控制欲为目的的代偿心理。

2.详解

（1）极端的类性别烦躁+畸化信仰

请大家想一个很简单的问题——一个人是如何判断自己的性别的?

看上去答案是显而易见的，传统上认为性是由基因、激素、性器官决定的，而又可以根据文化角色期望来归于男性或者女性，其实这些定义太过于简单化了。比如，如果一个有男性生殖器的人觉得自己是个女孩，会怎样呢?这种情况被我们称为性别烦躁，简单地说，就是生物性别和性别身份不匹配，这会导致各种各样的痛苦和功能损坏。值得强调的是，性别烦躁不是因为文化或社会优势而产生的想成为异性的愿望，它是由于个体的生物性别与其所体验到的性别显著不一致，比如以下表征：

- 反复说自己是异性或自己想成为异性；
- 穿着典型的属于异性的服饰；

- 持久而强烈地喜爱参加游戏，并像异性一样活动；
- 强烈渴望异性玩伴。

笔者这里要说的是类性别烦躁，两者有什么区别呢？

类性别烦躁，可以理解为后天性的性别烦躁，是由于后天环境和各种经历，个体产生强烈改变自己性别意愿的变态心理。

就本案来说，盖恩在代表着至高无上和权威的母亲面前，产生强大的心理依赖本能，再者，父亲作为“懦弱”的代名词，在盖恩的潜意识中成了一种内在情绪下的“反面教材”。盖恩惧怕成为像父亲那样的人，他想成为像母亲那样具有绝对控制力的人物，在这样的情绪主导下，盖恩发展成了类性别烦躁个体。

如果要讨论其根源，还是对于母亲的畸化信仰。所谓信仰犯罪，即对政治、宗教的错误认识或反社会信仰引起的犯罪。信仰，是对某种主义、思想、宗教或迷信的极度信服和尊重，并以此作为信念来支配行动。盖恩的特殊之处在于，在特殊的生活环境下，由于内在极易受暗示且属于服从性人格，他对母亲这个个体产生了信仰，对其所言也拜若信条，比如第一起案件，由于母亲和哥哥发生了一次很大的冲突，哥哥甚至生气地将母亲推倒在地，所以盖恩杀死了“忤逆”的哥哥。

（2）以征服与获取控制欲为目的的代偿心理

前文我们经常介绍“以发泄愤怒”为目的的代偿，今天笔者要介绍的，是以征服与获取控制欲为目的的代偿。

盖恩对于母亲的畸化崇拜，实质上来说就是崇拜两种东西：一是女性角色附着的权力色彩；二是女性角色附着的征服感。而“懦弱的男性要下地狱”，这种从小到大一直被灌输的思想让盖恩走向另一个极端，到底要怎么做，才能算不懦弱呢？

与别的杀手的区别就在这里产生，别的杀手或许会通过勒杀、性侵等方式满足其内在的控制欲和征服欲，而对于具有恋尸癖内在成分的盖恩来说，有两个很好理解的行为逻辑，即杀掉不懦弱的人，就可以证明自己不是懦弱的人；以及把不懦弱的人用来满足自己的兴趣爱好，或者说，把那些“像神一样”的女人做成手工艺品，可以将这种征服欲发挥到极致。

而在盖恩眼中，不懦弱的人，有两类：一是母亲，神一样的存在，是内在畸化信仰支柱；二是像母亲的那些女人（代偿个体）。加上伯妮斯 · 沃顿、玛丽 · 赫甘和奥古斯塔有很多相似点，比如性别、年龄、长相，以及性格（都很刚烈）。所以，被害人选择的目的性便一目了然。

（3）恋尸癖

盖恩的恋尸癖，归根结底在于其内在控制欲的不满足。在他身上有一种支配其性交对象的强烈欲望，这种欲望的满足在其变态性满足中占据十分重要的地位。

另外，比较复杂的是，恋尸癖这个犯罪心理成分紧密地和前几种心理成分相联系，形成了一个非常完整的变态心理结构，要形成这样的犯罪行为，它们缺一不可。盖恩将人的尸体做成各种“手工艺品”的行为背后，有恋尸癖这样的原因，也有满足情绪的原因，即受害个体满足其代偿要求后任其为所欲为，这是一种自我证明。

还有一点是类性别烦躁带来的盖恩想要转换性别的需求，由此他制造出一个又一个“女性皮囊”，幻想披着它们，自己就变成了幻想世界里的征服者一般。

为什么盖恩特意强调不要把他葬在母亲的墓碑旁边？对母亲的畸化信仰导致他杀害代偿个体后的原本内在欲望枯竭，产生出对代偿主体的愧疚感。也就是说，杀掉很像母亲的代偿个体后，他对母亲感到非常愧疚难堪，所以不愿意再接近母亲。

12

跨越大西洋的绞杀——奥地利首宗连环杀人案大起底

奥地利地处欧洲大陆中心，是整个欧洲至关重要的交通枢纽。这里经济发达，阿尔卑斯山横跨境内，多瑙河蜿蜒其中，得天独厚的自然环境滋养出了丰富多彩的艺术文化气息，海顿、莫扎特、舒伯特、约翰·施特劳斯……这些来自奥地利的伟人名字在音乐世界中个个如雷贯耳。

除此之外，受到成熟与稳定的福利制度、完善的教育体系等因素影响，奥地利社会整体情况较为和谐稳定，低犯罪率、低刑事案件占比、低犯罪增长率，这三点是很多发达国家难以做到的。

正因为重大刑事案件在奥地利很罕见，使得20世纪90年代发生在当地的连环杀人案显得那么特别。虽然在20世纪后半叶，系列杀人案如风暴般席卷欧美，但奥地利人民对此显然并不了解，当灾祸突然降临之时所有人无一例外地陷入了恐惧，这宗危害性空前、让人后怕无穷的案件也让奥地利警方至今难以忘却……

一、罪案全貌概述

1.林中女尸

在风景如画的康斯坦茨湖边，依偎着福拉尔贝格州，时值夏季，首府布雷根茨的每个角落似乎都沐浴在和煦的风中。

1990年5月28日，一个微风拂面的夏日清晨，克拉尔·弗德伸着懒腰走出了家门。他前天刚从瑞士出差回来，连日连夜的行程让他疲惫不堪，到家倒头大睡一天后，他打算去附近的树林里散散步——那里是附近居民都爱去的一个好地方。

天已微亮，路上没有什么行人，由于下过雨的缘故，小路变得十分湿滑，正当他打算打道回府的时候突然被草丛里的东西绊了一下，险些摔倒。

克拉尔在心里暗骂了一声，接着用手电探了一探，这才发现差点绊倒他的并不是什么树干台阶，而是一只紧攥着拳头的手臂。

布雷根茨警方很快介入了调查。死者下体赤裸，上衣口袋里装有现金和身份证件，她叫海迪·海默勒，是个失足妇女。

树林并不是第一案发现场——她是被勒死后移尸此地的。

海迪的死让布雷根茨警方非常苦恼。海迪未婚，父母双亡的她平时联系的人多数是一些她负责接待的陌生男士，另外，现场物证缺失严重，加上当地警方对这类案件的调查缺乏思路和经验，案件侦查进展得十分缓慢。

2. 蔓延的血色阴云

格拉茨是施泰尔马克州首府，是仅次于维也纳的奥地利第二大城市，也是未知凶手的迁移式杀人途经的第二个地点。

1990年6月3日，一具女尸在格拉茨市区的一片树林里被人发现，死因为机械性窒息，警方根据她衣兜里的购物发票查到了她的身份——布鲁西德 · 玛莎。和海迪一样，布鲁西德也是一个性服务者。

6月5日，格拉茨警方受理了一起失踪案，报案者马克尔称他的妻子艾尔弗莱德 · 施拉姆已经失联整整四天，但他对艾尔弗莱德失踪前的行程几乎是一无所知的。

3. 维也纳的噩梦

这个隐藏在黑暗迷雾中的凶手从最西边的布雷根茨出发，一路向东来到了格拉茨，就在布雷根茨和格拉茨警方还在为这几起女性遇害案头疼的时候，他已经悄无声息地来到了这个国家的首都、最大的城市——维也纳。

1990年6月26日到7月8日，维也纳警察局收到了四名失踪女性家属的报案，这在一向太平的维也纳是非常少见的。在维也纳失踪的四名女性分别是：凯琳·艾拉鲁、莎宾·莫兹、罗拉·丽吉娜和希尔维亚·泽格拉。

时任维也纳刑事侦查局局长的麦斯·艾德巴赫在仔细对比、研究近两个月内接连发生的女性失踪案后，很确信这些案件是同一人或同一组织实施的，理由有二：一是死者职业类似，绝大多数是失足妇女（或兼职地下性服务）；二是手法类似，死者都是被勒死的，且作案工具多为死者本人的衣物。

意识到事情的严重性后，麦斯马上联系了奥地利全国范围内的首府警察局，在7月18日举行了一次优先级极高的调查会议。这次会议宣告了奥地利史上最大规模的刑事案件调查行动正式开启，专案组也随之正式成立。

多名失踪女性已经确认遇害，但警方没有从她们的尸体上发现什么有用的物证，调查只能围绕她们生前的活动轨迹进行。其中最有用的线索来自罗拉·丽吉娜的丈夫帕拉姆，他曾接到一通妻子号码打来的电话，诡异的是，电话接通后竟然是个男人的声音，他一边大笑着，一边描述着他是如何将罗拉·丽吉娜勒死的，而她又是如何反抗、尖叫……

专案组仔细调查过这通电话，发现电话是凌晨3点半打出的，通话结束后就再也没有任何通话记录。和帕拉姆想的完全不一样，这很可能根本不是恶作剧，而是真凶用来戏弄受害者家属并炫耀自己罪行的一种极端手段。

侦查技术的落后导致了调查过程中取证和物证保留、利用上的差错，对于这样前所未有的连环杀人案，媒体早就开始进行铺天盖地的报道，这无疑引来了广大群众的好奇和恐慌，以及对执法机构的极大不满。奥地利警察局门口经常会被贴上各式各样侮辱性的海报，政府公信力面临巨大危机，警方压力倍增。

4. 记忆中的影子

1990年7月24日，凯琳·艾拉鲁和莎宾·莫兹的尸体在维也纳郊外的森林中被找到。两个月后，10月4日，希尔维亚·泽格拉的尸体也在一处树林中被发现。随着越来越多受害者的尸体被发现，奥地利警方通过媒体号召地下性服务者为了个人安全主动停业，这是因为他们发现凶手似乎还没有谋害过除失足妇女以外的女性。

1991年2月底，一名叫作奥古斯·施纳的52岁维也纳退休警察主动联系到了专案组负责官莫克·海尔，声称自己“已经找到了凶手的蛛丝马迹”。

奥古斯在维也纳警局工作了23年，经验比较丰富，对很多发生过的案件都记忆犹新，他从报纸新闻上了解并记录了这一年来发生的失足妇女被害案，当他看到那些案件的细节时马上想起了15年前的一起命案——那是一个17岁的女孩，被人活活勒死在家门口的树林中，凶手的名字叫杰克·恩特威格。

杰克·恩特威格，这个名字让奥古斯想起了很多，他永远也不会忘记这个人——他实在是太特别了。这个孩子或许这辈子都不知道他的生父是谁，因为他的母亲是个每天陪客无数的失足妇女，他来到世间或许纯粹是个错误的意外。

在杰克6岁的时候，这个母亲就如同人间蒸发一般离开了他，孤苦无依的杰克一个人在湿冷漏风的屋子里等了三天，在他马上要被活活饿死的时候，终于被他的祖父带回了家。但这对他而言，似乎并不是一件好事，因为他的祖父是个老酒鬼，嗜酒如命，喜好大麻。超市里马上要过期的廉价面包是杰克的一日三餐，虽然不至于被饿死，但暴力和冷漠充斥着他的整个童年和青春期。

就像我们前面说的，杰克在1976年杀的那个女孩是他的玩伴。杰克用一根带有复杂且特殊活结的绳子终结了她的性命，也正是这样的活结，让奥古斯想起了他。然而，更巧的还在后面。1976年的谋杀案因为人证物证俱在让杰克百口莫辩，他确实很狡猾，但还是难逃法网，被判处无期徒刑。

理论上来说，杰克这辈子都应该在监狱中度过，可现实有的时候就是那么具有戏剧性。杰克在监狱中的表现很好，他负责了监狱中大大小小的脏活累活，甚至在空余时间将自己的经历写成了一本自传，里面既写出了他的种种所作所为，也表达了他的忏悔之情，这本书先是在监狱犯人中传阅，后来直接出版上市成为畅销书，杰克也因此出了名。自传中声情并茂的赎罪之心和忏悔之意让人动容，加上他在监狱中的优秀表现，这些近乎于将杰克洗白，转而塑造成了一个因为悲惨的个人经历误入歧途，而又迷途知返、深知自己错误的浪子回头的人，包括监狱长在内的所有人都相信他绝不可能再犯。

就这样，经过长达一年多的精神测试，杰克被认定为精神正常且已经改头换面，被批准获得假释。杰克出来的时间，正是1990年2月，距离发生在布雷根茨的杀人案，仅隔了三个月。

5. 横跨大洋的杀意

奥古斯认为，15年前杰克用绳子将被害人勒死，绳子上特殊而复杂的绳结就如同他的个人签名般重要，如今死去的失足妇女被自己的贴身衣物勒死，且绳子都打了一样特殊的活结，这能方便他更加完美地控制被害人的生死存亡。这是一种个人签名的延续和升华，只有这样做，他才能产生快感。

虽然这些理由听起来很像那么回事，但专案组内部有很多人持不同意见，有的人认为单靠绳结手法来将一个15年前的案犯带入现在的案件调查中显得很不严谨，还有的人认为杰克早就改头换面了，而且15年前他杀的也不是陌生的失足妇女，而是他所认识的人。

实际上，这些疑虑并不是没有道理的。杰克出狱后开始以一个忏悔者的形象尝试重新融入社会，他有着常人没有的特殊经历，到处宣传他的自传，上法制节目结合牢狱经历大谈犯罪矫正和牢狱改革。凭借着一张能说会道的嘴，他成了一个成功的作者和媒体人。在1990年7月，他参与主持了一次关于正在发生的连环杀人案的法制节目，被采访的对象正是刑侦局局长麦斯，杰克在那次节目上表现出了对案件调查进展的关心，以及对被害人家属的无限同情。

对于麦斯来说，他一开始并不相信奥古斯所说的，他觉得杀人是重罪，没有人会闲得没事去杀人。杰克现在是一个成功人士，他过得很好，几乎每个人都原谅了他。在很多人看来，他是一个长相英俊且有着特殊魅力的坏家伙，很多女性都尝试着和他交往。在这些现实情况下，他看起来没有任何理由去杀那么多无辜的女人。

当第七位被害人罗拉·丽吉娜的尸体被发现后，麦斯开始犹豫了，因为和所有案发现场发现的尸体一样，活结依旧存在，这是唯一的线索。他决定尝试一下，死马当活马医。

从1991年2月开始，奥地利警方开始对杰克进行暗中监视，中间还有几次传讯，但基本都没有什么实质性的收获，也没发现什么可疑之处。

1991年9月，警方发现杰克脱离监视已经有一段时间，他在6月去了美国旅游，但此后就没有了踪迹。与此同时，嗅觉灵敏的媒体很快得到了杰克被警方问话和监视的消息，更为关键的是，杰克现在失踪了。一时间舆论变得沸腾而魔幻起来，有人觉得警方破不了案，于是把可怜的杰克当成了替罪羊，暗自抓捕了他；也有人觉得凶手就是杰克，但他已经从无能的奥地利警方眼皮子底下溜走了，逃到了不为人知的地方。

舆论的压力让奥地利警方急切地想要找出一些线索来推动案件调查以平息民怨，无奈之下，他们决定对杰克的单栋公寓进行搜查。这在当时的奥地利本是违反基本调查规则的行为，但破例获得了批准。

通过对杰克公寓的搜查，警方发现了一些机票、火车票以及账单，这些东西足以证明杰克在一些敏感的时间出现在了敏感的地方。换句话说，无论是布雷根茨还是格拉茨，他都有完全足够的作案条件。

另外，警方还发现了几张洛杉矶的往返机票、洛杉矶警署的警官名片和参观证，这些意味着他去过洛杉矶，联系过那里的警察，而且之后还回到过奥地利，而时间就是在六七月。这期间奥地利警方以为他是出国旅游去了，但很明显事情没有那么简单。

专案组很快将情况上报，奥地利警方开始联系洛杉矶警署，后者告知杰克确实是以记者主持人的身份申请了这次合作，他参观了警署，称回到奥地利后会以此为资料写一篇相关学术文章。真正让奥地利警方震惊的是，当他们告知杰克与一起连环杀人案有关时，洛杉矶警署的米勒警官也告知奥地利警方他们正在处理的一起案件。截至8月底，他们在洛杉矶郊区连续发现了三具女性的尸体，其中两人是失足妇女，一人身份不明。死者中两人被贴身衣物勒死，另一名被绳子勒死，三具尸体颈部的作案工具都有特殊的活结，这起案件已经被洛杉矶警方认定为一人所为的连环杀人案。

和奥地利警方不同，美国警方处理此类案件的经验更加丰富，在奥地利警方将相关的七起案件资料共享过去之后，美国警方坚信这些女性被害人是同一个人所杀，这是个跨国连环杀手。

这一下，7月刚到过洛杉矶的杰克有了重大嫌疑。

6. 引渡回国

一般来说，跨区域作案的连环杀手属于偏有组织型的，但这种跨区域往往是有限度的，比如约克郡杀手皮特·威廉·撒特克里夫跨州市杀人，但跨国连环杀人属于罕见中的罕见。虽然两国警方都一致认为杰克有重大嫌疑，但他们对于杰克回到奥地利之后的行踪一无所知。

1991年12月，奥地利警方通过对杰克前几个月联系人的调查，发现他和一个名叫穆克拉的瑞士女性有着恋爱关系，于是他们开始与瑞士警方联系，尝试合作将杰克带回奥地利审讯。但瑞士警方对于奥地利警方急切的态度非常不满，甚至很反感这种做法，理由是他们没有实质性的证据证明杰克就是凶犯。

与此同时，杰克如同知晓了奥地利警方的小心思一般，开始调动媒体关系为自己发声，称自己是无辜的，自己受到了奥地利警方无证据的指控，这是非常不公平的。就这样，奥地利警方再一次陷入了舆论的旋涡中心，他们不得不再次尝试与瑞士警方沟通，向第三方展示了他们手中的很多重要线索，以及与美国警方的合作协约，瑞士警方这才决定给予其帮助。而此时，杰克早已带着穆克拉逃出了瑞士，两人最后的行程地是美国迈阿密。

1992年1月17日，杰克在迈阿密被捕，由洛杉矶警署的高级调查官米勒负责审讯。杰克面对这名经验丰富的老警察表现得很镇定，他非常放松，对警方的问题对答如流，他承认他的确去过那些死了人的地方，但自己并没有杀人。

按照原计划，奥地利警方与洛杉矶警方本打算在加州就案件提起诉讼（奥地利没有死刑），但该诉讼最终被检察官否决了，原因是证据不足，杰克最后被引渡回国。

7. 第十一个活结

杰克被引渡回奥地利后需要由维也纳高等法院进行罪行裁断，美国则派出一个由20多人组成的FBI罪案调查顾问团队协助后续侦查。在后者看来，犯罪签名在这类案件中占有非常关键的地位，杰克的活结稳定地出现在每具被害人尸体的颈部，它的特殊性是所有案件连接在一起的锁链。

另外，奥地利警方也在思考一个问题：既然杰克到每一个地方都会杀人，那么他在出狱后到底去过哪些地方？到底还有多少死在荒郊野岭的被害人？为了搞清楚这个问题，奥地利警方只能向国际刑警组织（ICPO）寻求援助。

ICPO经过近两个月的调查，让发生在捷克布拉格的一起案件浮出水面——被害人是一名叫作博科娃的女性，她不是失足妇女，但也是在树林里被发现的，尸体损伤几乎与前面的案件一模一样。而且在她失踪的前一天，杰克在距离树林不到一公里的一家餐馆里留下过消费记录。

将所有的信息联系起来后，奥地利警方非常确定每一次有类似案件发生时，杰克都会在相关城市出现，这很难以偶然性去解释。但这个线索有一个要命的地方——它们都属于间接性证据，缺乏直接性证据。

于是，一场被称为“维也纳世纪大审判”的裁定拉开了序幕，杰克依旧笑容满面，自信地为自己辩护，他的律师也坚称杰克早就已经洗心革面，不应该以旧罪作为先入为主的依据。这次审判投入资源之大，激起民众议论之激烈，实属奥地利法律史上所罕见。

1994年6月，八名陪审官做出最终判决，以多数裁定原则判处杰克有罪，后者被判无期徒刑。可惜，就在最终判决做出，还没来得及下发的时候，杰克就以自己要休息为由骗走了羁押室中的审讯员，上吊自杀了。杰克用来上吊的那块绷带末端，有一个和11名被害人的尸体颈部勒杀物完全一致的特殊活结。他最终以这样的方式为这场杀戮画上了句号，而他的自杀也宣告了奥地利史上第一宗连环杀人案的终结。

二、犯罪心理简要分析

1.标记行为

“标记行为”是由FBI行为科学组的特工约翰·道格拉斯作为代表提出的一个专业术语，约翰认为它广泛存在于一些连续犯罪的案例中，其主要特征是“独特的、对犯罪者来说非做不可的、稳定的”；从行为本质来看，标记行为却又是犯罪人“大可不必做的”；它超越了犯罪行为本身，却又是一种不可或缺的先决条件。

对于标记行为的理解，这里有两个经典案例作为对比。

犯罪人巴尔登在晚上11点进入了被害人的住处，当时男主人和女主人正在沙发上看电视，巴尔登用枪逼迫男主人趴在地板上，又把一个杯子放在其背上，威胁说“如果它落地，那我会毫不犹豫地杀了她，而你也会死”，随后女主人被带进房间里遭到强暴。

犯罪人罗尔曼在下午3点左右进入了被害人的住宅，当时屋子里只有女主人一人在家打扫卫生。罗尔曼用枪威胁她，让她打电话给男主人，把他“骗回来”。半小时后，男主人被骗回了家，罗尔曼用枪威胁他，把他绑于沙发上，当着他的面对女主人实施了强暴。

从案件性质来看，两起案件都属于入室性侵案，表面相似，但实质却有很大不同。巴尔登的行为虽然不常见，但符合多数性侵犯的行为逻辑，即他们需要控制被害人，避免其他人对自己进行阻碍、干扰。

说白了，巴尔登的做法完全是为了帮助自己达到强暴被害人的目的。反观罗尔曼，他在大白天闯进别人家里，按理来说女主人一个人在家，这是一个绝佳的作案时机，但他没有立刻对其施暴，而是让她把男主人骗回来，这其实是一个颇有风险性的决策。如果男主人从电话里听出了异常，或者男主人也持有枪支，罗尔曼不一定能在交锋中占到上风，那么他将面临很危险的处境。

即便如此，罗尔曼还是这样做了，这个行为对于性侵来说属于“本没有必要的行为”，但它可以对男主人进行羞辱和嘲讽，让罗尔曼体验到一种权力感，这是他性幻想的一部分。因此他的行为足以被定义为“标记行为”，而巴尔登的行为则只能算是“犯罪手段”。

2. 杰克·恩特威格行为分析

在初步理解标记行为之后，我们可以更加深入地就杰克的犯罪行为进行研究，对于这宗涉及11名被害人的系列杀人案而言，个案之间的手法差异其实很小，延续性特征非常突出，因此笔者选择从整体性的角度来进行分析，以下部分内容包含笔者的想象。

杰克对于被害人的选择以失足妇女为主，这符合他具有代偿性质的宣泄性需求和性幻想，他的谋杀是有计划、有预谋的。失足妇女是很多连环杀手喜欢下手的群体，最典型的是加里·里奇韦。加里说："我之所以杀她们（指被害的失足妇女），是因为我恨她们，而且我需要从她们那里得到性满足……还有一个原因是她们实在是太好骗了，就算是我把她们杀了，也不大可能有人会注意到，她们的死构不成这个社会的痛痒，或许永远都不会被发现，因此只需尽情享受杀戮，不必担心别的事情……"

和加里一样，杰克会想方设法接近那些地位低下的失足妇女，他会充满绅士风度地关心她们，问她们冷不冷、今天过得怎么样……这些看似温情的言语对于习惯了谩骂轻视的性服务者来说，犹如一缕清风，让她们在一定程度上放松了戒备。此时，杰克会告诉她们"乖乖听话，过后你会得到一大笔钱"，如果说关心的话只是让她们心生好感，那真金白银的承诺就彻底击溃了她们内心最后的防线——那是她们最需要的东西，她们因此会做好全心全意为这个男人付出的准备，乖乖坐上车，跟着他来到那装潢典雅别致、充满艺术气息的双层式独栋公寓（或者高档酒店）。

在那里，杰克会和她们玩一场精彩刺激的"游戏"，在此过程中，他观察着她们的挣扎和抽搐，享受着对决定他人生死这种绝对特权带来的感受。每这样做一次，他就会感到自己全身上下变得焕然一新，充满了面对一切的能量。

随后，他会把尸体从床上挪下来，用大尺寸的帆布包裹好，他不可能像很多杀人犯那样随便用一个廉价而污浊的裹尸袋处理尸体。

一般来说，这个帆布包会一直待在他的床下，直到凌晨时分，杰克会把它放到副驾驶座上，开车到某个美丽的树林里，把尸体摆放在那里。

做完这些事情后，杰克感到那种无处释放的压力已经消散了，心情变得很安稳，是时候进行下一步的成果展示了。他会躲在弃尸点附近，甚至在那附近住下来，默默地观察着一切，看看那具尸体什么时候被人发现，看看那个发现尸体的倒霉蛋脸上是什么样的表情，看看警察是怎么维持现场秩序的。他总是第一个到达现场的记者，警察们非但没起疑心，反而还很理解他，觉得他已经改过自新，成了一名称职爱业的媒体工作者。

他全程参与调查过程，不停在报刊上发表关于失足妇女遇害事件的见解类文章，甚至数次直言“凶手八成是杀过人的”。他在维也纳杀人后没多久就主持了对刑事侦查局局长麦斯的采访节目，一堆尖锐的问题问得这名经验丰富的局长哑口无言，只能以“目前还不确定”“不方便透露”等一类言辞来胡乱搪塞。

那些死在他手中的女人很多是有家室的，她们有的是因为染上了毒瘾，有的是因为酗酒。她们知道在街头或者在又黑又乱的酒吧里很危险，但当她们遇到杰克这样看上去彬彬有礼、长相出众的顾客时总是会不由自主地步入他设下的陷阱。

他会在作案过程中找到被害人的手机，给她们的家人打电话，让他们间接参与到这场血腥游戏中。很多被害人家属会将此当作一场恶作剧，这种情况时常会让他非常气恼，恨不得把电话那头的人带到他的面前磕头、观看这一切——就像例子中的性侵犯罗尔曼一样。

他深知如何利用警方，如何将自己的行程公之于众，他的跨国流窜式杀人有一个牢固的前提条件：在杀人之前必须和当地警察有所接触。他知道只有这样做，国际刑警组织才查得出他的行迹。一切都在他的掌控之中，很多连环杀手都喜欢和警方玩这种猫捉老鼠的游戏，但杰克这把游戏玩得太大了，就好像是几只猫在一栋别墅里捉一只老鼠。

他本可以轻松抹去自己的很多行踪，比如不用特意返回奥地利家中留下去洛杉矶的种种证据和记录。但在他看来这些都无关紧要——不足以给他定罪，反而还可以提高游戏难度，增加乐趣。他是一个规则蔑视者，鄙视一切法律，无视一切试图限制他犯罪行为的事物，他把几个国家当作了他表演杀人游戏、猫捉老鼠的舞台。他认为自己是不折不扣的主角，专为突出警察的无能而存在。哪怕是引渡回国之后，他也数次故技重演：以警方无证据为理由，以自杀为手段发动舆论，为自己赢得外界社会的声援，借大众之手，“掌掴”那些审判他的正义执法者。于是，在即将被审判裁定为“有罪者”的最后时刻，他选择了自杀，以个人标记特征突出的自杀方式又一次嘲讽了所有审判者：“就算死，也不将审判的权力外放。”

这像极了一场现实中的电影，以一种戏剧性的结局将情节彻底推向了高潮。

（1）犯罪心理主要成分

从行为分析的角度来说，杰克连环杀人案中有着太多的标记行为，根据这些行为事实，我们不难将其犯罪心理成分做一个归纳：杰克的犯罪心理主要成分=反社会人格障碍（ASPD）+控制型内平衡需求+畸形的杀戮欲望+表演型人格障碍。图3-1为杰克的犯罪心理主要成分结构与联系。

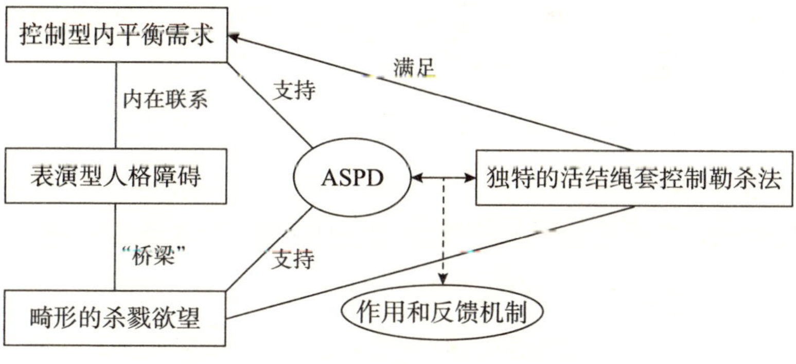

图3-1　本案犯罪心理主要成分结构与联系

关系分析：反社会人格障碍和表演型人格障碍为主要成分，且两者关联性巨大。畸形的杀戮欲望为次要成分，作为主要成分的补充和加强，而与表演型人格障碍具有内在关联性的控制型内平衡需求充当犯罪行为动力源的角色。

在这种心理结构支配下的犯罪人，往往追求的是一种很复杂的内平衡机制，任何手法和行为都是围绕这一点服务的。

（2）分析结论一："非典型性连环杀手"

一般而言，我们说行为证据是最"诚实"的动机讲述者。对于本案凶手，他的几个关键行为如下：

- 杀人；
- 利用身份、职业便利性参与破案，从警方不能破案的现实环境中获得快感；
- 以访谈、写作等方式引起社会轰动效应；
- 杀人前故意和当地警察联系，达到具有讽刺意味的效果。

第一个行为，是在为其他行为做最充分的准备。杰克第一次杀人具有偶然性，那个死在他手中的女玩伴交了男朋友，这在杰克看来是一种不折不扣的背叛，她无情地抛弃了自己，于是他一怒之下把她勒死了。这次杀人给杰克带来了牢狱之灾，而真正的影响不止于此。他在监狱中写自传，这让越来越多的人关注到了他，他发现这是一种极为享受的感觉，为了让自己更为人关注，他开始打造自己的形象。与此同时，杀人本身也被他视为一件正向收益很高的事情，可以让他显得如此与众不同。

典型的连环杀手，就像齐卡提洛，杀戮欲望是普通人很难想象的，但杰克不是这种类型。他不是典型的以杀戮欲望作为根本动机的连环杀手，杀人只不过是他平衡其他心理需求的手段，而不是目的。他杀人上瘾的机制并不是那么纯粹，杀人是他恢复内在缺失感的途径。

（3）分析结论二：极端的表演型人格障碍个体，需要舞台，也需要观众

表演型人格障碍，简单直白地说，就是一种以过分感情用事或夸张言行来吸引他人关注为主要特点的人格障碍，名字中的“表演型”指的是“戏剧化”或“舞台化”。

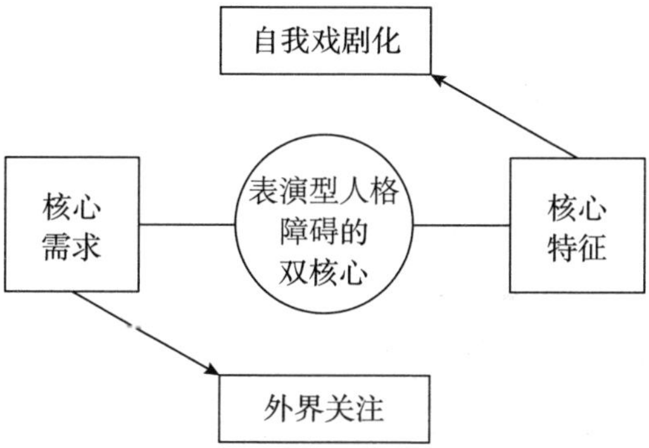

图3–2　表演型人格障碍具有两个核心

理解表演型人格障碍的关键是看到他们那些夸张的自我表演，他们把自己当作舞台中央的表演者。一般的表演型人格障碍个体，就是所谓的“戏精”。他们可以突然大喊大叫，也可以看个电影故意大声哭得死去活来，而他们做这一切的目的就是引起别人的关注。他们具有丰富的、多变的情绪，这些情绪的过度渲染则会给人一种肤浅和不真诚的印象。对自身来说，他

们十分脆弱，渴望关注，敏感。但在别人看来，他们的行为哗众取宠，浮夸至极。

一般来说，表演型人格障碍个体具备这样一些基本表现：

- 情绪具有戏剧化色彩，擅长表现自己，喜怒哀乐皆形于色，行为夸张而装腔作势；
- 具有自我幻想（当自我表演期待被关注的心理需求没有得到满足时，会借助幻想来满足）；
- 情绪炙热且变化无常，轻微的刺激都可能引起其情绪上极大的波动；
- 爱好玩弄他人，逼迫他人做出各种反应来满足自己的需求；
- 高度以自我为中心。

表演型人格障碍个体，很多时候虽然会不讨人喜欢，一般倒也不至于构成严重的社会危害。假设杰克没有杀过人，也不是个犯罪成瘾的人，只是普通的表演型人格障碍个体，那么他或许会有很大成就。他会想方设法在法律允许的范围内做到那些让大家注意力都集中在他身上的事，说不定他会是个伟大的作家、记者、主持人。可惜，反社会人格让他视犯罪为合理，视犯罪甚至杀人为满足自己心理需求的正常途径。详细地说，是多种极端的心理障碍和问题的交集让他成了一个连环杀手。

表演型人格障碍个体还有以下特点（依据案例分析总结而来，有一定或然性）：

● 个体愿意近距离感受“自己表演”的结果（例如，在晚会上通过浮夸的表现来获得别人惊奇的眼神，有的连环杀手喜欢重返现场参与警方的破案过程等）；

● 本身境况不会太好，普通而平凡，但内心狂热；

● 童年时缺乏父母关注，甚至遭受忽视、虐待的个体容易具备该人格障碍；

● 容易形成表演—反社会型人格障碍（通常是普通的行为方式屡屡受挫，满足不了其寻求外界关注的心理诉求，这种诉求就很可能通过偏反社会人格模式的激发来表达）。

这四条在本案中也全部得到体现。

（4）分析结论三：是什么催生了杰克这个恶魔？

无论是普通犯罪人还是罪恶滔天的连环杀手，犯罪成因的分析都不应该是单方面的，需要从环境因素、生理及遗传因素、心理因素等方面着手进行综合性分析。

从环境方面来说，遗弃和虐待是最关键的影响点，四成以上的连环杀手出现异常行为都与其童年时期遭受的虐待有关。这些虐待通常包括忽视（躯体方面、精神方面）、攻击（躯体方面、精神或言语方面）、敌意和性虐待。

斐诺斯及伊瑟两位学者曾具体地指出这些经历会干扰其互动行为的经验，使得其幼小的心灵笼罩在暴力的阴影下，对人类责任感产生怀疑，或是心生报复的幻想。很多连环杀手都感觉到在他们人格形成的那段幼年岁月中，并未曾受到父母或亲人公平的对待，他们充满暴力的思维很多都是源自幼时的家庭经验，使得日后因报复而产生一连串的谋杀行为。

对于杰克来说，他在五六岁这种最依赖母亲的年纪被无情抛弃，之后又生活在酗酒暴力的祖父身边，前者让他失去了对女性的正常同理心，也将抛弃他的母亲在潜意识里转化为了代偿杀戮的主体，于是同样的中年失足妇女就成了其代偿杀人的报复对象；而后者则在他幼小的脑海中撒下了暴力和血腥的种子。

从心理因素的角度来分析，我们主要从反社会人格障碍的成因来入手。反社会人格障碍是怎么形成的，这个问题的答案目前没有定论。精神分析流派认为其和童年经验有关，行为分析流派认为其形成于不合理的“奖励—惩罚”机制，认知理论流派认为其形成于不合理的认知结构发展。但是，有两个基本点是共有的：一是“基因+环境”共同作用的结果；二是在一定程度上受家庭影响。遗传方面，现在的研究基本指出父母（特别是父亲）患有反社会人格障碍或品行障碍可以在一定程度上预测子女很大可能也会患上反社会人格障碍。

心理学家莫斯等人在对品行障碍遗传性的研究报告中指出：父亲有品行障碍的青少年与父亲没有品行障碍的青少年相比，前者患有反社会人格障碍或品行障碍的比例要远高于后者（大约高出27%）。而15周岁前存在品行障碍既是反社会人格障碍诊断的先决条件，也是反社会人格障碍发生的危险因素，因此遗传因素是不可忽视的。

精神病学家黑尔等人发现，反社会人格障碍个体在生理方面也有两个明显和正常人不一样的地方：第一，反社会人格障碍个体的脑电波异常，比正常人多了很多慢波，这一点只有在很多不到10岁的儿童身上才会出现；第二，反社会人格障碍个体的大脑边缘系统功能紊乱或低下，前额叶比正常人要小很多（将近20%）。很多实验表明，大脑中某些特定部位是与人的攻击欲望和暴力倾向有重要联系的。大脑前端部位，或称额叶前部皮层，对人的暴力倾向产生着很重要的影响，很大程度上控制着人的攻击和暴力冲动。

另外，家庭方面的影响，特别是以下三种经历在反社会人格障碍个体中经常出现：

- 早年的家庭虐待经历；
- 不良的家庭氛围；
- 早年的巨大创伤性事件。

虐待，不只局限于暴力式的殴打，对于早年的孩子来说，还有更加可怕的虐待方式，比如性虐待、刻意忽视、心理虐待等，而这些都是杰克经历过的。

童年受虐对反社会人格障碍的催化作用已经被格罗夫等心理学家证明了具有跨文化的一致性。这可以用过度补偿理论来理解，此理论认为，反社会人格障碍个体表现出的攻击性行为本质是对过去遭遇的一种自我补偿，以及对于过去遭受的暴力行为的习得和表现。不良的家庭环境，包括充满争吵和辱骂的氛围、父母长时间不在身边等情况，也对反社会人格障碍个体具有潜在影响。

总的来说，现在对反社会人格障碍成因的研究很多，但是都做不到给出最综合、最让人满意的解释。从整体来看，遗传和生理性的因素居然要比环境因素的影响大得多，这也是很让人难以相信的，因为这么一来就基本可以说明这种人格障碍具有很大程度上的“天然性”。这也是为什么很多学者把反社会人格障碍个体称为“天生犯罪人”的原因所在。

最后，我们还需要思考的是杰克犯罪心理的核心——平衡感缺失的来源。通过杀戮来恢复自尊和内在平衡的杀手有很多，但其中大多数都不可避免有一个共同点：生活现状不好。他们在现实中往往是自卑的失败者，千奇百怪的行为背后是一种扭曲的自我保护和恢复机制。但杰克看起来不一样，他在出狱后看起来是个颇为成功的人，生活不愁，有大房子住，还得到了社会上大多数人的再认可，但他还是如此迫切地想要去平衡一些内在的权力感，其中的原因是什么呢？

这个问题是这个案子最大的待解决点，这种情况很少见，笔者思考了很久，也和老师交流过，最后我们的观点如下：杰克在13岁前所经历事件的可怕程度，或许远超我们的预期。有一个细节：在杰克的自传中详细描写了母亲抛弃他带给他的痛苦，他有多么需要她，多么想要得到她的爱，但对他与祖父共同生活的那么多年时间选择了颇为含糊的简写。这其实很矛盾，理论上他是需要把自己写得更惨的——他的经历越惨，他的现在就越能让公众产生同情，可这段诡异的简写却与此对不上了。他到底在怕什么呢？正常的设想是，他的祖父对他进行了惨无人道的虐待，恐怖到他自己都不敢面对。

那么问题又来了，他为什么不把代偿主体选择为类似他祖父那样的人呢？很多连环杀手都是这样选择的（将虐待自己的对象作为代偿主体），杀了那些人不更有成就感和证明感吗？原因只能是，他不敢。他其实是个非常自卑的人，属于屈服型人格。他虽然受到了祖父的虐待，却视其为权威和力量的象征，他从祖父那里学会了用暴力解决问题，但他对祖父只能默默忍受，绝对服从，有所相似的案例还有爱德华·西奥多·盖恩和他飞扬跋扈的母亲。这其实也好理解，毕竟祖父不是父母。

因此，杰克虽看起来无所不能，其实同样是个自卑的懦夫。这能够很好地解释我们心里的另外一个问题：既然他想要向世人展示他的“作品”（尸体），为什么不把尸体扔到大街上、广场上，这样不是更有轰动的效果吗？如果解释为隐藏，那他抛尸的地点选择就更奇怪了：他选择的都是那些树林里一眼就能被人看到的地方，既然抛都抛了，更深一点、更隐蔽一点不行吗？这其实就是一种“折中化”的处理。他其实不够自信，因为他不敢像开膛手杰克那般在大街上杀人，他只能抛尸在树林里，可同时又想要尸体快点被人发现，那么最后的结果就是扔到和市区有一段距离的树林人行道上。

图书在版编目 (CIP) 数据

重案辑录 . 暗夜难眠 / 梵闻三千著 . —北京：中国法制出版社，2021.7

ISBN 978-7-5216-1835-8

Ⅰ . ①重… Ⅱ . ①梵… Ⅲ . ①刑事侦察—案例—汇编—世界 Ⅳ . ① D918

中国版本图书馆 CIP 数据核字（2021）第 072999 号

策划编辑：陈晓冉（chenxiaoran 2003@126.com）

责任编辑：陈晓冉 封面设计：汪要军

重案辑录 . 暗夜难眠

ZHONG'AN JILU. ANYE NANMIAN

著者 / 梵闻三千

经销 / 新华书店

印刷 / 三河市紫恒印装有限公司

开本 / 880 毫米 ×1230 毫米 32 开 印张 / 6.25 字数 / 118 千

版次 / 2021 年 7 月第 1 版 2021 年 7 月第 1 次印刷

中国法制出版社出版

书号 ISBN 978-7-5216-1835-8 定价：36.00 元

北京西单横二条 2 号 邮政编码 100031 传真：010-66031119

网址：http://www.zgfzs.com **编辑部电话：010-66071900**

市场营销部电话：010-66033393 **邮购部电话：010-66033288**

（如有印装质量问题，请与本社印务部联系调换。电话：010-66032926）